I0754899

1917 Revolution

Russland und die Schweiz

1917

Револ

Revolution

Russland und die Schweiz

Herausgegeben
vom Schweizerischen Nationalmuseum

SANDSTEIN VERLAG

Abschied am Hauptbahnhof Zürich, möglicherweise bei Lenins Abfahrt 1917.

Inhalt

Vorwort

«Die Oktoberrevolution brachte die gewaltigste Revolutionsbewegung der modernen Geschichte hervor», so schreibt der 2012 verstorbene britische Historiker Eric Hobsbawm in seiner *Weltgeschichte des 20. Jahrhunderts*. Seiner Einschätzung schliessen sich heute wohl die meisten Historiker an, niemand bezweifelt die globale Bedeutung der Russischen Revolution, auch wenn Deutungen und Interpretationen der verschiedenen Phasen und Folgen auseinandergehen und Gegenstand akademischer Diskurse sind.

Die Ausstellung *1917 Revolution. Russland und die Schweiz* lotet 100 Jahre danach die vielseitigen und engen Verflechtungen der Schweiz mit den revolutionären Ereignissen in Russland und die Beziehungen der beiden Länder vor und nach der Oktoberrevolution aus. So hat sich Lenin während einiger Jahre in der Schweiz aufgehalten und sich hier auf den revolutionären Umsturz vorbereitet. Aber auch der Aufenthalt weiterer Revolutionäre oder Komponisten, Künstler und Literaten zeugt von den vielseitigen Beziehungen, die Russland und die Schweiz über Jahrzehnte, gar Jahrhunderte pflegten. Was machte die Schweiz im 19. Jahrhundert zum Sehnsuchtsland der Russen, warum zog es Schweizer bis 1917 nach Russland, und welche Auswirkungen hatte die Russische Revolution auf die Schweizer Politik – das sind einige der Themen, welche die Ausstellung und der vorliegende Katalog aufgreifen. Den Autorinnen und Autoren der Beiträge spreche ich meinen aufrichtigen Dank aus. Ihre Aufsätze bilden die Themen und Ereignisse abgerundet ab und schaffen eine hervorragende Grundlage für das Verständnis der Ausstellung.

In einer Ausstellung sind es die Gegenstände und Kunstwerke, die den Themen Leben einhauchen. Mit Hilfe vieler Leihgaben aus Russland und anderen Ländern wird ein Panorama entworfen, das den Zeitraum um 1900 bis 1933 beleuchtet. Wie es für ein kulturgeschichtliches Museum üblich ist, werden die historischen Ereignisse eingebunden in die Kulturgeschichte Russlands, ein Land, das um 1900 zu den grossen Kulturnationen zählt und dessen reichhaltiges künstlerisches Schaffen der Avantgarde zwingend zum Bild der Aufbruchstimmung vor 1917 und der folgenden Jahre der Diktatur gehört. Viele Institutionen und Personen, Privatsammlungen und Museen haben dazu beigetragen, dass diese Ausstellung so reich an Werken und Gegenständen ist. Mein aufrichtiger Dank gilt daher allen Leihgebern, die aus ihren Institutionen und Privatsammlungen Kunstwerke, Gegenstände und Dokumente zur Verfügung gestellt haben. Unser Dank gilt auch dem Departement Geschichte der Universität Basel, Prof. Heiko Haumann, Prof. Benjamin Schenk und Anne Hasselmann, sowie Prof. Julia Richers, Universität Bern, und Prof. Christian Koller, dem Leiter des Sozialarchivs Zürichs: Sie alle haben konzeptionelle Mitarbeit und wertvolle Textlektorate geleistet. Schliesslich danken wir Dr. Anna Szech für ihre hilfreichen Kontakte und ihr wertvolles Fachwissen.

Dem Deutschen Historischen Museum in Berlin, unserem Projektpartner, sind wir zu besonderem Dank verpflichtet. Noch unter dem Präsidenten Prof. Alexander Koch wurde das Projekt 2015 gestartet, weitergeführt wurde es bis zur Eröffnung von Ulrike Kretzschmar, der Direktorin a. i. Gemeinsam haben wir im November 2015 in Russland Gespräche mit unseren Hauptleihgebern geführt. Dank der Mitarbeit der Kuratorin Dr. Kristiane Janeke konnten wir die Kontakte mit den Kolleginnen und Kollegen verstärken. Ihr sei an dieser Stelle ebenfalls gedankt.

Für das Zustandekommen der Ausstellung und der vorliegenden Publikation gilt mein Dank nicht zuletzt auch den Mitarbeitenden des Schweizerischen Nationalmuseums: der Projektleiterin und Ausstellungskuratorin, Pascale Meyer, der Ausstellungsassistentin Regula Moser und der wissenschaftlichen Mitarbeiterin Anna-Sabina Wälli. Danken will ich ebenso Alex Harb für die Gestaltung der Ausstellung. Ein grosser Dank geht schliesslich an die vielen weiteren Beteiligten, die zum Gelingen der Ausstellung und der Ausstellungspublikation beigetragen haben.

Andreas Spillmann

Einleitung

«Genossen schweizerische Arbeiter!
Indem wir, Mitglieder der Russischen Sozialdemokratischen Arbeiterpartei [...], die Schweiz verlassen, um nach Russland zu reisen und dort in unserer Heimat die revolutionäre internationalistische Arbeit weiterzuführen, senden wir euch unsern Genossengruss [...]»

Lenin, *Abschiedsbrief an die Schweizer Arbeiter*

Mit den obenstehenden Worten verabschiedete sich Wladimir Lenin von der Schweizer Arbeiterschaft und bestieg kurz darauf am 9. April 1917 in Zürich den sogenannten plombierten Zug. Die schicksalhafte Reise führte die Gruppe von Heimreisenden quer durch Deutschland nach Petrograd. Hier hatte der Zar bereits abgedankt, und der bis dato relativ unbekannte Bolschewik Lenin sollte die wohl folgenreichste Revolution in der Geschichte des 20. Jahrhunderts auslösen.

Lenin, der über sechs Jahre in Genf, Bern und Zürich gelebt hat, ist aber bei weitem nicht das einzige Bindeglied, das die russische mit der schweizerischen Geschichte verknüpft. Die historischen Verflechtungen dieser beiden Länder setzen bereits im 18. Jahrhundert ein, als führende Schweizer Köpfe nach Russland geholt wurden, um die Modernisierung Russlands unter Peter dem Grossen voranzutreiben. Im 19. Jahrhundert galt Russland als eines der wichtigsten Auswanderungsländer von Schweizern. Bis 1917 waren es über 20 000 Schweizerinnen und Schweizer, die nach Russland auswanderten: Unternehmer, Bauern, Zuckerbäcker sowie Lehrerinnen und Gouvernanten begaben sich auf die weite Reise, um in Russland ein neues Leben zu beginnen.

Die Migration verlief aber auch in umgekehrter Richtung: Für russische Künstler und Intellektuelle war die Eidgenossenschaft ein begehrter Ort, und Kranke suchten die Schweizer Berge auf, weil sie sich in den Sanatorien Genesung erhofften. Doch vor allem war die Schweiz des 19. Jahrhunderts ein sicherer Hafen für die russischen Revolutionäre, die hier relativ unbehelligt von den Behörden ihre Kampfschriften und Bücher verfassen konnten. Darunter beispielsweise Georgi Plechanow, der 1883 in Genf die erste marxistische Gruppierung Befreiung der Arbeit mitgründete, oder eine junge Generation von politisch Aktiven, die sich später an den Russischen Revolutionen beteiligen sollten. Eine besondere Rolle kam dabei den Frauen zu, die im zaristischen Russland nicht studieren durften und diese Möglichkeit fern der Heimat wahrnahmen. In der Schweiz fanden die revolutionären Ideen der russischen Studierenden einen besonders guten Nährboden.

Hinlänglich bekannt ist die Tatsache, dass Lenin auf Schweizer Boden den Umsturz in Russland vorbereitete. Mitten im Ersten Weltkrieg, als die Soldaten der Grossmächte auf den Schlachtfeldern Europas ums Leben kamen, tagten 1915 in der Nähe von Bern die führenden Sozialisten Europas, um die kriegsunterstützenden sozialistischen Fraktionen zu kritisieren und den Frieden «ohne Annexionen und Kriegsentschädigungen» zu fordern. Unter ihnen befanden sich Lenin, Trotzki und viele weitere, später weltweit bekannte Revolutionäre. Die Namen der beiden Ortschaften, Zimmerwald und Kiental, galten fortan in Russland als revolutionäre Kultorte, an denen Lenin erstmals in einem internationalen Rahmen in Erscheinung trat. Gerade diese Episode, die im Zuge der weiteren politischen Entwicklungen in der Schweiz lange wenig wahrgenommen wurde, ist heute in der Geschichtswissenschaft gut aufgearbeitet und findet nun Eingang in die Ausstellung.

Trotz der traditionell vielfältigen historisch-kulturellen Beziehungen wurden insbesondere die diplomatischen Verhältnisse zwischen den beiden Staaten nach der bolschewistischen Machtübernahme belastet, ja sogar für rund 30 Jahre jäh unterbrochen, nachdem die sowjetische Gesandtschaft unter der Leitung von Jan Berzin 1918 wegen vermeintlich propagandistischer Handlungen des Landes verwiesen wurde. Auch wenn die Untersuchungsbehörden keinen direkten Bezug zwischen der sowjetischen Gesandtschaft und dem Organisationskomitee des Landesstreiks ermitteln konnten, verbreitete sich die Furcht vor dem Kommunismus und prägte in den nächsten Jahren die Schweizerische Innen- und Aussenpolitik mit.

Nach der Ausweisung der Gesandtschaft behielten sowohl Russland als auch die Schweiz bis Januar 1919 die jeweiligen Landsleute als Geiseln zurück. Erst Anfang März 1919 beruhigten sich die Beziehungen so weit, dass die Russlandschweizer in ihre alte Heimat zurückkehren konnten. Moritz Conradi, einer dieser Schweizer Rückkehrer, welcher als entschiedener Antikommunist in der Weissen Armee gegen die bolschewistische Machtübernahme kämpfte, ermordete im Mai 1923 den russischen Gesandten Wazlaw Worowski, der anlässlich einer Konferenz in Lausanne weilte. Die Schweizer Regierung verurteilte die Tat zwar, weigerte sich aber, eine offizielle Beileidsbekundung an die Sowjetische Regierung zu senden. Der im November 1923 erfolgte Freispruch von Conradi im Lausanner Strafprozess führte zu gewaltigen Proteststürmen in Schweizer Arbeiter- und Linkskreisen und schliesslich zum endgültigen Tiefstand der diplomatischen und ökonomischen Beziehungen zwischen den beiden Ländern. Diese wurden erst im März 1946 wieder aufgenommen. Fortan vertrat das Internationale Komitee vom Roten Kreuz die Interessen der wenigen in Russland verbliebenen Schweizer und auch diejenigen der in den 1920er Jahren neu ausgewanderten Schweizer Kommunisten. Sie befanden sich in grosser Gefahr, denn die stalinistischen Säuberungen der 1930er Jahre betrafen auch jene, die aus Überzeugung in die Sowjetunion ausgewandert waren. Der frühere Sozialdemokrat und überzeugte Kommunist und Mitbegründer der Kommunistischen Partei der Schweiz Fritz Platten ist an dieser Stelle als prominentestes Beispiel zu nennen. Bis zu seinem Tod 1942 – er wurde in einem sowjetischen Arbeitslager erschossen – glaubte er an die Unfehlbarkeit des Sowjetkommunismus.

Die Ausstellung und der Katalog berichten von den spannungsreichen Ereignissen in Russland und in der Schweiz. Es ist die Verflechtungsgeschichte dieser beiden höchst unterschiedlichen Länder, die verblüffend viele Berührungspunkte hatten.

Pascale Meyer, Regula Moser, Anna-Sabina Wälli

Verheissung

Die Verheissung – ein Skandal
Lebensgefühl und Zukunftserwartung in Europa um 1900

Entschlossenen Schrittes ging sie der neuen Zukunft entgegen, die Augen selbstbewusst in die Ferne gerichtet. Eine riesige Frauenfigur in moderner Kleidung krönte das grosse Tor der Pariser Weltausstellung 1900, durch das innerhalb weniger Monate mehr als 50 Millionen Menschen die technologische Zukunft und wissenschaftliche Entdeckungen wie Röntgenmaschinen, selbstfahrende Trottoirs, Rennautos und Artilleriegeschütze und den von Tausenden von Glühbirnen gleissend beleuchteten Palast der Elektrizität bewunderten.

Die Statue auf dem Eingangstor war der berühmten Schauspielerin Sarah Bernard nachempfunden, die in einer zweiten Karriere zum Filmstar geworden war. Trotz ihrer enormen Beliebtheit aber fiel das Kunstwerk bei den Kritikern durch. Viele Beobachter sahen die Figur als eine Bedrohung. Dies war kein allegorischer, barbusiger Nymphenkörper und kein männlicher Halbgott, nein, eine moderne Frau mittleren Alters führte den Marsch in die Zukunft an. Für Kulturpessimisten symbolisierte sie alles, was krank und dekadent war: Traditionelle Identitäten und die alte Ordnung der Gesellschaft waren aus den Fugen geraten.

Am Anfang des 20. Jahrhunderts wurde in Europa und den USA das Menschsein neu erfunden. Ein bis dahin unbekanntes Lebensgefühl entwickelte sich in den urbanen Zentren: fragmentiert, aber optimistisch, erregt und beängstigt von der rasenden Veränderung, fasziniert von Geschwindigkeit, sexuell offener und verunsichert, intellektuell destabilisiert. Dieser raschen Entwicklung eines kulturellen Selbstgefühls lagen besonders technologische Neuerungen und industrielle Massenproduktion zu Grunde. Fabriken, Konsumgüter, Fahrpläne und Filme bestimmten das Leben in den Städten, neue wissenschaftliche Theorien und Erkenntnisse eröffneten auch kulturelle und intellektuelle Horizonte und schufen das, was wir als «Moderne» bezeichnen.

Nicht nur im Westen fand diese Entwicklung statt. In Russland war der Kontrast zwischen einem fast mittelalterlichen Landleben und den modernen Städten besonders eklatant. Metropolen wie St. Petersburg und Moskau waren Brutstätten einer Avantgarde, die immer wieder starke Impulse setzte, von Kasimir Malewitschs revolutionären Leinwänden bis hin zur Prosa eines Andrej Bely und den Klangexperimenten von Alexander Skrjabin und Igor Strawinski und den bahnbrechenden Choreografien der Ballets Russes, auch wenn diese Werke oft fast mehr im europäischen Ausland wahrgenommen wurden. Städte wie Paris und London wurden so auch Zentren russischer Exilkunst.

Rasende Maschinen

Verheissung – niemals zuvor schien sie so greifbar in der Luft zu vibrieren, ein Versprechen und eine Drohung zugleich. Die mit enormer Macht vorwärtsdrängende Industrialisierung war die Basis einer gesellschaftlichen Transformation von ungekannten Ausmassen, die alles möglich und alles bedroht erscheinen liess. Zum ersten Mal in der Geschichte lebten in Europa mehr Menschen in Städten als auf dem Land, die Metropolen verdoppelten oder verdreifachten ihre Einwohnerschaft innerhalb von einer Generation.

Inmitten dieser rasenden Veränderung wurden Geschwindigkeit und Beschleunigung zu Schlüsselmetaphern der Zeit. Im urbanen Umfeld war das Leben bereits ganz von Massenproduktion und modernen Technologien beherrscht. Städter nahmen öffentliche Verkehrsmittel, die nach Fahrplan fuhren, arbeiteten nach Stechuhr in standardisierten Prozessen in Fabriken und Büros, lasen in Zeitungen mit Millionenauflagen über Autorennen und Rekorde, erfuhren den Rausch der Masse auf Sportveranstaltungen und in riesigen Kinos, lebten umgeben von Werbung, trugen Konfektionskleidung und assen Konserven und Güter wie Fleisch und Getreide, die in einem längst globalisierten Markt aus Australien, Südamerika, Kanada und Russland importiert wurden.

Die galoppierende Transformation riss ganze Gesellschaften mit sich, führte zu sozialen und ideologischen Verwerfungen, eröffnete neue Möglichkeiten und provozierte starke Reaktionen. Das Heer der arbeitenden Armen in der Industrie formierte sich zu einer Arbeiterbewegung, die mit wachsendem Erfolg sozialen Wandel forderte. In Deutschland stellten sozialistische Abgeordnete den grössten Block im Reichstag, trotz einem Wahlsystem, das ihre Wähler eklatant benachteiligte. Auch in Grossbritannien, Italien, Frankreich und natürlich in Russland entstand ein wachsendes revolutionäres Potential, das sich immer wieder in Streiks und gewaltsamen Konflikten entlud. Besonders die «kleine» Revolution von 1905 führte zu einer Welle von Strassenkämpfen, Repression und Hinrichtungen, der mehr als 10 000 Menschen zum Opfer fielen.

Die auf lange Sicht vielleicht wichtigste und schon damals kontrovers diskutierte soziale Bewegung war eine erste Welle des Feminismus. In Grossbritannien gingen die Suffragetten auf die Strasse, um in einer immer radikaleren Kampagne das Wahlrecht zu fordern. Junge Frauen entdeckten das Fahrrad als Vehikel ihrer Befreiung und Selbstbestimmung, während männliche Ärzte besorgt vor der sexuellen Überstimulation durch den Fahrradsattel warnten. In Deutschland lebten lesbische Paare in offenen Beziehungen – der berüchtigte Homosexuellenparagraf 175 bezog sich nur auf männliche Homosexualität –, und in Wien schrieb die feministische Philosophin Rosa Mayreder, Fabriken, Büros und Kontore seien «Särge der Männlichkeit», weil das Leben in einer industrialisierten Gesellschaft die alten Rollenbilder zerschmetterte, was nicht nur das Wahlrecht der Frauen, sondern auch eine völlige Trennung von Sexualität und Fortpflanzung zufolge haben müsse.

Männer in Not

Tatsächlich schien die Idee der Männlichkeit in eine Krise geraten, denn es waren nicht die jungen Radfahrerinnen, die den dauernden Reizen des modernen Lebens erlagen. Immer mehr Männer waren dem erbarmungslosen Rhythmus der Städte offensichtlich nicht gewachsen, eine Epidemie von Neurasthenie – heute würden wir Burnout sagen – spülte Zehntausende meist männlicher Patienten in Sanatorien, Kliniken und in die Behandlungszimmer von Ärzten, die sich der neuen Wissenschaft der Psychoanalyse widmeten, die davon ausging, dass gesellschaftlicher Zwang und Schuldgefühle die menschliche Psyche verzerrten und krank machten. Männlichkeit wurde zum Kult, der durch Body Building, Uniformen, Duelle und Sportveranstaltungen zelebriert und von Bestsellerautoren gefestigt wurde. Der Hunger nach «der Tat», nach sexueller Potenz und männlicher Kraft durchzog zahllose Bücher und verfolgte Zeitgenossen bis in die Kleinanzeigen mit ihren elektrischen und radioaktiven Behandlungen für «Nervenschwäche» und «Männerleiden».

Philosophen, Wissenschaftler und selbsternannte Propheten versuchten einerseits, die Männlichkeit zu retten, und andererseits, neue Möglichkeiten des Menschseins zu erforschen. Lebensreformer, Theosophen, Anthroposophen, Nudisten, spirituelle Meister und Bohemiens experimentierten mit Lebensentwürfen und mystischen Systemen, Nietzscheaner suchten einen poetischen oder tragischen Zugang zu ihrer eigenen Existenz, Eugeniker planten, die ganze Rasse nach strikten Kriterien neu zu züchten und «unwertes» Leben auszumerzen, Rassentheoretiker nutzten das Vokabular der Wissenschaft, um mittels Schädelvermessungen und Statistik die Überlegenheit von – fast ausnahmslos – weissen, europäischen Männern zu beweisen.

Die Welt aus den Fugen

Besonders Künstler und Literaten waren fasziniert vom konflikthaften Rausch der Geschwindigkeit und von den neuen Facetten des Menschseins in der Grossstadt. Einerseits galt es, die Fragmentierung des Subjekts auszudrücken und das Lebensgefühl in einer beschleunigten Gesellschaft einzufangen, andererseits formulierten Künstler auch Gegenentwürfe zur neuen, urbanen Welt, besonders durch ihre Faszination von sogenannten primitiven Kulturen.

Der junge Pablo Picasso verband diese Aspekte in seinem Werk. Seine Portraits zeigten ihre Objekte kubistisch gebrochen und aus Fragmenten zusammengesetzt, Städter, deren Identität nicht mehr von einer Tradition gegeben, sondern aus Versatzstücken, Wortfetzen und zufälligen Gegenständen konstruiert ist. Gleichzeitig steht seine Bewunderung afrikanischer Stammeskunst aus den französischen Kolonien im Kontext einer gesellschaftlichen Sehnsucht nach Ursprünglichkeit und Authentizität, die zum Gegenbild des modernen Lebens aufgerichtet wurde und von der auch beispielsweise die Bauernportraits von Kasimir Malewitsch oder Igor Strawinskis skandalumwittertes und perkussives Meisterwerk *Le sacre du printemps* zeugen.

Als energetisch aufgeladene Gegenbewegung zu jeder Nostalgie sahen sich die italienischen Futuristen, die versprachen, alles Alte zu zerstören und die Hymne von Geschwindigkeit, Gewalt und Männlichkeit zu singen. Ihre Zukunftsvision zelebrierte die rasende, alles zerstörende Maschine als hervorragende Metapher der neuen Welt und spannte den Bogen zwischen der Kunst der Avantgarde und der öffentlichen Besessenheit mit Rennfahrern, Flugzeughelden, Fahrradchampions und mächtigen Ozeanriesen auf der Jagd nach dem Blauen Band.

Das Versprechen des Krieges

Ocean Steamships heisst das symbolverdächtige einzige Buch, das Hans Castorp, der neurasthenische Antiheld in Thomas Manns *Zauberberg*, sich zur Lektüre wählt. Der junge Mann ist geflohen vor dem hektischen Treiben in der Ebene und hat sich zurückgezogen. Seine Geste ist wie eine Parodie von Nietzsches *Zarathustra*, denn Castorp findet keine Bergeinsamkeit und ewige Gelassenheit, sondern die nervös und erotisch aufgeladene Stimmung im Mikrokosmos des Sanatoriums, in dem nicht nur der beeindruckende Röntgenapparat von einem dauernden, gefährlichen Knistern umgeben zu sein scheint.

Im Rückblick auf diese Jahre des Aufbruchs und der tiefen Verunsicherung sind wir versucht, die Zeit durch das Prisma der aus ihr folgenden Katastrophe eines zweiten Dreissigjährigen Krieges in Europa zu sehen, aber diese Perspektive blendet zu viel aus von der Vielfalt und dem Chancenreichtum, von der schimmernden Verheissung und dem grenzenlosen Optimismus einer Zeit, in der es möglich schien, das Wissenschaft, Medizin und Industrialisierung alle Übel der Welt beseitigen könnten.

Gerade in dieser Konstellation schien die Frauenfigur auf dem grossen Tor der Pariser Weltausstellung als Provokation. Die Zukunft Frankreichs war nicht mehr die Madeleine, sondern ein Filmstar, eine moderne Frau, die sich anschickte, ihre eigenen Ansprüche an die Welt zu formulieren. Dieser Anspruch wurde auf dem gesellschaftlichen Schlachtfeld behauptet, und seine Energie begleitete die Soldaten 1914 an die Front eines Krieges, der Millionen von Männern nicht zuletzt die Wiedereroberung der eigenen Männlichkeit versprach. Dieses Versprechen wurde von Granaten zerfetzt und von Giftgas erstickt. Die Zerrissenheit der Moderne, die um 1900 erstmals von grossen Massen gefühlt und gelebt wurde, hat uns seither nicht verlassen.

1 Karl Marx, ***Das Kapital. Kritik der politischen Ökonomie***, Bd. 1, 1867.
ETH-Bibliothek Zürich, Alte und Seltene Drucke.

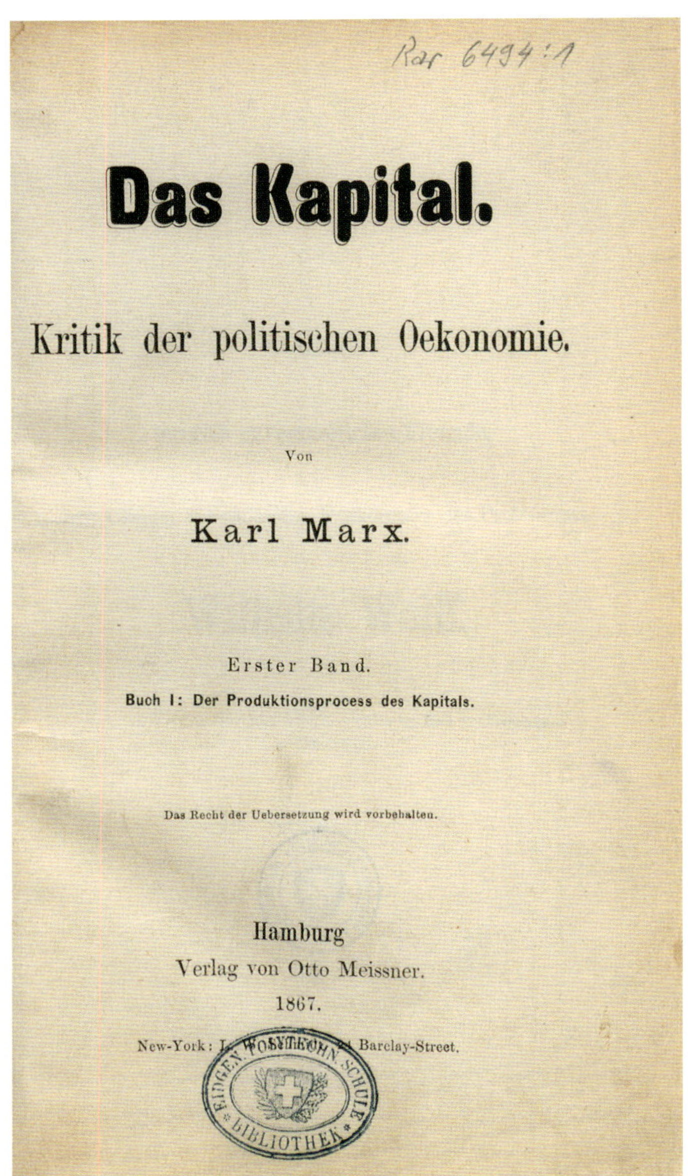

Das Kapital.

Kritik der politischen Oekonomie.

Von

Karl Marx.

Erster Band.

Buch I: Der Produktionsprocess des Kapitals.

Das Recht der Uebersetzung wird vorbehalten.

Hamburg
Verlag von Otto Meissner.
1867.

New-York: L. … Barclay-Street.

1867 erscheint *Das Kapital* von Karl Marx (1818–1883). Das Buch, das die kapitalistische Gesellschaft analysiert und kritisiert, hat weltweit Auswirkung auf die Arbeiterbewegung und die Geschichte des 20. Jahrhunderts. 1872 wird das Werk ins Russische übersetzt und entfaltet in Russland seine explosive Wirkung.

2 Ljubow Popowa, ***Kubistische Stadtlandschaft***, um 1914.
Öl auf Leinwand, 104 × 86 cm.
Merzbacher Kunststiftung.

Ljubow Popowa (1889–1924) ist eine der führenden Künstlerinnen der Russischen Avantgarde. In der *Letzten futuristischen Ausstellung der Malerei 0,10,* die 1915/16 in Petrograd stattfindet, zeigt sie zwölf Werke. 1917 wendet sie sich von der Malerei ab und gestaltet Bücher, Kostüme und Bühnenbilder.

3 Olga Rosanowa, ***Der Hafen***, 1912.
Öl auf Leinwand, 100,4 × 79,2 cm.
Merzbacher Kunststiftung.

Olga Rosanowa (1886–1918) gehört zu den radikalsten Vertreterinnen der Russischen Avantgarde. Sie malt und illustriert futuristische Bücher. Nach der *0,10*-Ausstellung, an der sie mit elf Arbeiten vertreten ist, schliesst sie sich 1916 der von Malewitsch gegründeten ungegenständlichen Kunstrichtung des Suprematismus an.

4 Natalija Gontscharowa, ***Fabriken. Futurismus***, 1912.
Öl auf Leinwand, 102,5 × 80 cm.

Natalija Gontscharowa (1881–1962) ist die wohl einflussreichste russische Künstlerin und Bühnenbildnerin. 1913 werden über 800 ihrer Werke in Moskau gezeigt. Sie und ihr Mann, der Maler Michail Larionow, sind für Djagilews Ballets Russes tätig. 1915 verlassen sie Russland und kehren nie wieder zurück.

5 Marc Chagall, ***Der Strassenkehrer und der Wasserträger***, 1910/11.
Gouache auf Papier, 48,3 × 36,8 cm.
Galerie Rosengart, Luzern.

Viele von Marc Chagalls (1887–1985) Werken zeigen Szenen des bäuerlichen und jüdischen Lebens in Russland. Nach der Oktoberrevolution kommt es zwischen Chagall – nunmehr Leiter der Kunstakademie im russischen Witebsk – und Kasimir Malewitsch zum Zerwürfnis über die Ausrichtung der neuen Kunst.

6 Alexandra Exter, ***Farbdynamik***, 1916–1918.
Öl und Gouache auf Leinwand, 111,5 × 73 cm.
Merzbacher Kunststiftung.

Alexandra Exter (1882–1949) ist Malerin, Grafikerin und Bühnenbildnerin. In Paris knüpft sie Kontakte zu Picasso und Braque. Nach der Revolution leitet sie von 1920 bis 1924 den Grundkurs für Farbenlehre an der WChUTEMAS in Moskau, eine die Avantgarde vertretende Kunstakademie. 1924 emigriert sie nach Paris.

7 Kasimir Malewitsch, Bühnenentwurf für Akt 2,
Szene 5 von ***Sieg über die Sonne***, 1913.
Bleistift auf Papier, 21,3 × 27,2 cm.

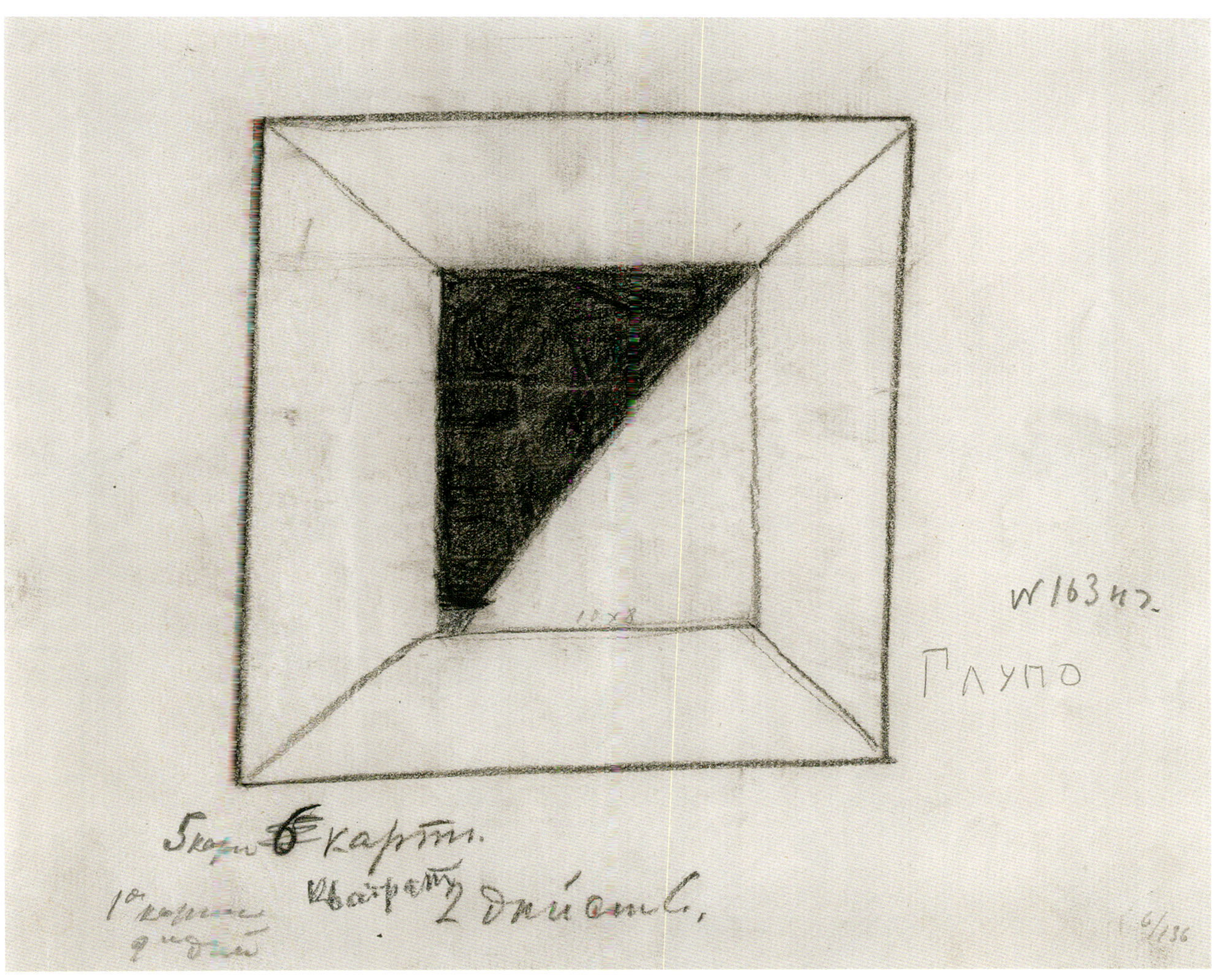

Am 3. Dezember 1913 wird in St. Petersburg die erste futuristische Oper *Sieg über die Sonne* uraufgeführt. Auf einem der Bühnenbilder von Kasimir Malewitsch (1878–1935) erscheint zum ersten Mal ein schwarzes Quadrat als Antithese zum roten Kreis, zur Sonne. Zwei Jahre später legt das *Schwarze Quadrat* im Rahmen der berühmten Ausstellung *0,10* den Grundstein für die europäische abstrakte Malerei.

8 Nicolas Roerich, Kostüme für das
Djagilew Ballett ***Le sacre du printemps***, 1913.
V&A Theatre & Performance, London.

Bei der Uraufführung von *Le sacre du printemps* der Ballets Russes von Sergej Djagilew 1913 in Paris kommt es bereits nach den ersten Tönen zu Tumulten im Publikum. Sowohl die Musik von Igor Strawinsky als auch die Choreografie von Vaslav Nijinski erregen Anstoss.

Zarenreich

Das zaristische Russland von 1860 bis 1905

Die Reformen der 1860er Jahre

Ende des 19. und Anfang des 20. Jahrhunderts wird Russland von Spannungen und Krisen erfasst, deren bedeutendsten die revolutionären Ereignisse der Jahre 1905 und natürlich 1917 sind. Rückblickend können die damaligen Probleme als Folge der Modernisierungsbemühungen der 1860er Jahre verstanden werden. In genau diesem Jahrzehnt nimmt Zar Alexander II. umfassende Reformen zur Modernisierung Russlands an die Hand. 1861 hebt er die Leibeigenschaft auf, doch erfordert dieses Unterfangen weit mehr Zeit als geplant. Darüber hinaus kann mehr als ein Viertel der ehemaligen Leibeigenen nicht von den Erträgen des eigenen Bodens leben.

Den Weg in die Gleichberechtigung soll vorerst ein Bildungsplan ebnen. Ab 1863 sichert die Regierung den Universitäten ihre Unabhängigkeit zu, und – fast noch wichtiger – ab 1864 werden zahlreiche Grundschulen eingerichtet. Doch auch in diesem Bereich verlieren die hehren Absichten rasch an Elan: Eine höhere Bildung bleibt im Wesentlichen ein Privileg der Oberschicht, und die einfache Grundbildung wird schon bald wieder zur Aufgabe der Kirche.

In nur einem Jahrzehnt schwindet so der anfängliche Mut zur Veränderung und verliert sich nach der Ermordung des Zarens Alexander II. im Jahr 1881 vollends. Die von einer terroristischen Gruppierung begangene Tat wird gemeinhin als Folge der Veränderungen wahrgenommen, die der russischen Gesellschaft aufgezwungen worden sind. Die Zaren Alexander III. und Nikolaus II. – Sohn und Enkel des ermordeten Zaren – müssen Wege im Umgang mit dem von ihrem Vorfahren angestossenen Wandel finden und mit der Sorge leben, dass dieser Wandel unaufhaltsame Folgen mit sich bringen wird.

Vom Agrar- zum Industrieland

Die Massnahmen zur Förderung eines unabhängigen Bauerntums erweisen sich als fruchtlos. Die miserablen Lebensbedingungen der ehemaligen Leibeigenen verschlechtern sich zu Beginn des 20. Jahrhunderts gar noch. Zu den Ursachen ihrer Verarmung gehören ausgerechnet jene Massnahmen, die eigentlich ihre Selbstbestimmung hätten begünstigen sollen. Die Bauern, die fast drei Viertel der Gesamtbevölkerung ausmachen, sind von einer für sie zuständigen Verwaltung abhängig, die ihre Integration keineswegs vereinfacht. Gewichtiger ist jedoch die Tatsache, dass sie meist einer Dorfgemeinschaft unterstellt sind. Da diese Dorfgemeinschaften traditionsgemäss in regelmässigen Abständen eine Umverteilung der Anbauflächen vornehmen, wirken sie alles andere als innovationsfördernd und behindern die individuelle Mobilität. Auch sind sie nicht in der Lage, die schreckliche Hungersnot von 1891 abzufedern. Um die Jahrhundertwende kann mehr als die Hälfte der Bevölkerung nicht von den eigenen landwirtschaftlichen Erzeugnissen leben.

Die grosse Not spiegelt sich auch in den demografischen Zahlen: Die Sterblichkeit liegt damals bei 31 pro Tausend und ist damit mehr als doppelt so hoch wie zur selben Zeit in England. Trotz allem hält das Bevölkerungswachstum an – in weniger als einem halben Jahrhundert verdoppelt sich die Bevölkerung –, was einen Teil der Landbevölkerung veranlasst, sein Glück in den Fabriken zu suchen. Die bereits vor Jahrzehnten eingeleitete russische Industrialisierung verzeichnet nun einen deutlichen Aufschwung: nicht nur wegen der verheerenden Situation der Bauern und den Alphabetisierungserfolgen, sondern auch dank günstigen politischen Rahmenbedingungen. Sergej Witte (1849–1915), ab 1892 Finanzminister, will Eisenbahn und Schwerindustrie fördern. Dazu verschreibt er sich einer Steigerung der Ausfuhren und einer Senkung der Importe. In seiner Amtszeit verzeichnet Russland ein jährliches Wachstum von ungefähr acht Prozent, gigantische Fabriken entstehen, die grösstenteils für die Textilherstellung sowie für die metallverarbeitende und chemische Industrie gebaut werden. Im Ural werden

Mineralien, im Südkaukasus Steinkohle und Mangan abgebaut, und Öl wird in der Gegend von Baku gefördert.

Nach diesem ersten und höchst dynamischen Aufschwung gerät die noch junge Wirtschaft gegen 1900 in eine Rezession. Die Krise wird wegen des komplett ausgetrockneten Binnenmarkts verursacht, die völlig verarmten Bauern können nichts mehr kaufen. In Folge der Rezession entstehen Unruhen; Arbeiter und Fabrikbesitzer stehen sich gegenüber. Letztere unterhalten oft gute Verbindungen zu mächtigen Behörden, da diese auf öffentliche Aufträge und die Anstrengungen der Regierung zum östlichen Ausbau des Eisenbahnnetzes angewiesen sind. Da sie mit der westlichen Konkurrenz unmöglich Schritt halten können, versuchen sie, den spärlichen inländischen Absatz mit Exporten nach China, in die Türkei und nach Persien wettzumachen. Viele der monumentalen Fabriken werden übrigens von Ausländern geleitet – in manchen Fällen auch von Schweizern.

Von der Schweiz nach Russland

Ab Mitte des 19. Jahrhunderts versuchen zahlreiche Schweizer Unternehmer, Fachleute und Ingenieure ihr Glück im Russischen Kaiserreich. Sie können sich auf die Erfahrungen früherer Auswanderer stützen, die bis ins ausgehende 17. Jahrhundert zurückreichten, als man noch als Söldner nach Russland zog, wie etwa der Genfer François Le Fort, der Erste Admiral von Peter dem Grossen. Den Militärangehörigen folgen Landsleute, die ihrer intellektuellen Fähigkeiten wegen geschätzt werden: Wissenschaftler wie der Basler Mathematiker Leonard Euler, Pfarrer wie der Philosoph Etienne Dumont und gewiefte Erzieher wie Frédéric-César de La Harpe üben ihre Kunst im 18. Jahrhundert in den gehobenen Kreisen des Kaiserreichs aus.

Mit der Verbesserung des Reisekomforts dehnt sich diese Auswanderungsbewegung auf weitere Berufe aus. Nun kommen auch Käser, Cafetiers und allen voran die berühmten Spezialisten, die zur Blüte der russischen Industrie beitragen und zusammen mit den hochmodischen französischsprachigen Gouvernanten den wichtigsten Berufszweig repräsentieren. Da im Erziehungsbereich vor allem Frauen tätig sind, gehört das Kaiserreich 1900 zu den beliebtesten Zielen von Schweizerinnen.

Russlands Anziehungskraft für Schweizer und Schweizerinnen zeigt auch, dass der Eintritt in den heimischen Arbeitsmarkt besonders im Bildungsbereich schwierig ist. Die Zahl der Genferinnen, die eine weiterführende Ausbildung wünschen, wächst denn auch stetig. Man gewährt ihnen zwar Zugang zur Universität, gibt ihnen aber keine Möglichkeit zur Erlangung eines Hochschulreifezeugnisses, was wiederum unabdingbare Voraussetzung für den Zugang zu einer Hochschule wäre. Diese Situation führt viele in die berufliche Sackgasse, regt Auswanderungsgelüste an und fördert wiederum die Zuwanderung.

Die russischen Studentinnen stehen vor dem gegenteiligen Problem: Sie können zwar eine Hochschulreife erlangen, sind aber nicht zu den Universitäten zugelassen. So machen sie sich die Schweizer Rechtslage zunutze und reisen in die Schweiz, um Studiengänge in Medizin oder Chemie abzuschliessen. Diese Fächerwahl ist auch bei ihren männlichen Kollegen besonders beliebt und in manchen Fällen wohl politisch motiviert. Das Interesse an der medizinischen Versorgung von Menschen und an der Herstellung von Sprengstoff entspringt damals durchaus einem ähnlichen Gedankengut. Das Schweizer Asylrecht veranlasst zudem einflussreiche russische Denker, in der Schweiz Schutz zu suchen. Einer der ersten ist Alexander Herzen – bald folgen ihm Michail Bakunin, Pjotr Kropotkin, Pawel Axelrod und natürlich Lenin.

Die Aktivisten kommen in der Schweiz unweigerlich mit russischen Touristen in Berührung. Mitte des 19. Jahrhunderts zeichnen Schriftsteller wie Lew Tolstoi und Fjodor Dostojewski ein schmeichelhaftes Bild der Schweiz. Die Eidgenossenschaft wird zum beliebten Reiseziel genau jener Noblesse, gegen die all die verbannten Anarchisten, Populisten, Sozialdemokraten und Nihilisten kämpfen. Obwohl die Schweizerische Polizei die

Agitatoren überwacht, bleibt sie relativ tolerant. Denn diese beabsichtigen keinesfalls im Exilland eine Revolution anzuzetteln – zumal die Schweiz dazu viel zu bürgerlich wäre –, sondern ihr Hauptziel besteht in der Umwälzung der herrschenden Ordnung in ihrer Heimat.

Von der Repression zum Zerfall

Die unter Alexander II. begründeten Reformen führen in Russland zum Aufbau eines rigorosen Kontrollapparats. Um über griffigere Repressionsmöglichkeiten zu verfügen, erlässt Alexander III. nach der Ermordung seines Vaters die sogenannten Maigesetze. Die vorerst nur provisorischen polizeilichen Massnahmen werden schleichend zu dauerhaften, während der Staat verschiedene Bevölkerungsgruppen in die Mangel nimmt: Die Universitäten und die Minderheiten werden mundtot gemacht, die ruralen und danach auch die urbanen Selbstverwaltungen (Semstwos bzw. Stadt-Dumas) verlieren ihre Verwaltungsfunktion und werden zu vom Adel kontrollierten Überwachungsorganen, und die Fabriken gelangen unter die Kontrolle von Gewerkschaften, die von der Regierung unterwandert sind.

Nach den Missernten des ausgehenden 19. Jahrhunderts und der Wirtschaftskrise von 1900 mehren sich die Streikbewegungen und spiegeln deutlich die wachsende Popularität der aus der Schweiz oder aus anderen Ländern zurückgekehrten politischen Aktivisten. Das Kulturschaffen wird zum Brennspiegel einer gärenden Gesellschaft und offenbart eine innovative und herausragende Kreativität. Die Verbreitung der linken Ideen – der Sozialrevolutionäre, die sich auf die Bauern stützen, oder der Marxisten, die ihrerseits das Proletariat im Auge haben – geschieht aber zweifellos dank der grossangelegten und bereits vor Jahrzehnten in Angriff genommenen Alphabetisierung. Die Erregung, in der sich die Gesellschaft in den ersten Jahren des 20. Jahrhunderts befindet, wird nur durch einen starren inneren Kontrollapparat im Zaum gehalten; jeden Moment aber droht das Gesellschaftsgefüge auseinanderzubrechen.

Hat Zar Nikolaus II. die Probleme erkannt? Tatsache ist, dass er eine abenteuerliche Aussenpolitik betreibt, die das Volk von den inneren Problemen ablenken soll. Wie schon sein Grossvater und sein Vater will er seine Position in China festigen, unterschätzt aber Japan. Der japanische Angriff vom 8. Februar 1904 auf die russische Flotte ist der erste Akt eines Krieges, der sich für den Zaren, seine Armee und den Ruf seines Landes als verheerend erweisen sollte. Die vermeintliche Prestigeoperation wird zum herben Rückschlag, und es folgen Unruhen, die sich nicht wie erhofft durch militärisches Eingreifen besänftigen lassen, sondern sich gar noch verschärfen.

Die Revolution von 1905

Am 22. Januar 1905 führt der Geistliche Georgi Gapon einen Demonstrationszug an, der den Zaren flehentlich um Hilfe für das notleidende Volk bittet. Die Armee schiesst in die friedliche Menge und löst so eine Revolution im eigentlichen Wortsinn aus, die in vielerlei Hinsicht als tragische Ironie des Schicksals gesehen werden kann.

Bemerkenswert ist, dass Gapon im Vorfeld selbst als Polizeispitzel agiert hat und mit der Überwachung der Arbeiter betraut war. Dem aus einer bitterarmen Familie stammenden Geistlichen war zuerst die Möglichkeit zum Grundschulbesuch und schliesslich zur Priesterausbildung gewährt worden. Betrachtet man die Ereignisse in grösseren Zusammenhängen, so fällt auf, dass Gapon zu dem Zeitpunkt aktiv wird, als der Russisch-Japanische Krieg, der eigentlich das Ansehen des Kaiserreichs hätte stärken sollen, die Bevölkerung in noch grössere Armut stürzt. Gapons Bittschrift ist im Namen von Tausenden von Arbeitern verfasst, die sich mangels Perspektiven im Agrarsektor am industriellen Aufbau Russlands beteiligen – einem Industrialisierungsprozess, der sich erst mit der Abschaffung der Leibeigenschaft richtig entfalten konnte und dem Land fast ein halbes Jahrhundert zuvor verordnet worden war, um es zu modernisieren und vor Revolutionen zu bewahren.

9 Andrej Fjodorow, ***Gottesmutter von Vladimir***, 1651/52.
Eitempera auf Holz, 32 × 27 cm.
Museum Burghalde Lenzburg, Sammlung Prof. Urs Peter Haemmerli, MB 1998-25.

Die im 17. Jahrhundert nach byzantinischem Vorbild gemalte Ikone zeigt die Gottesmutter und Jesus. Die auf Holz gemalten Kult- und Heiligenbilder nehmen in der russisch-orthodoxen Liturgie eine wichtige Rolle ein. Das Leben auf dem Land wird bestimmt vom kirchlichen Festkalender.

10 Peter Carl Fabergé, ***Tischuhr mit Moser-Uhrwerk in Form eines Fabergé-Eis***, 1893. St. Petersburg. Silber, Nephrit, vergoldet, ziseliert. Fondation Igor Carl Fabergé, Genève.

Maria Feodorowna, Gemahlin von Zar Alexander III., schenkt ihrem Arzt Dr. Johann Mezger eine Tischuhr in Form eines Fabergé-Eis zum Dank für die Behandlung nach einem Unfall. Die vom russischen Juwelier Peter Carl Fabergé hergestellten Preziosen gelten im Zarenreich als Inbegriff von Pracht und Kostbarkeit.

11 ***Ostereier***, 1884–1900. Porzellan, Email, Granit und Silber.
Liechtensteinisches Landesmuseum, Vaduz. Sammlung Adulf Peter Goop. Fotos: Sven Beham.

In der russisch-orthodoxen Kirche werden zu Ostern kunstvoll verzierte Eier mit den Worten «Christus ist auferstanden» als Symbol für Leben und Hoffnung überreicht. Die Eier stammen aus der bedeutenden Sammlung mit über 2 000 Exemplaren des Liechtensteiner Mäzens und Sammlers Adulf Peter Goop.

12 ***Nikolaus II. mit seiner Gattin und den fünf gemeinsamen Kindern***, 1913.
Deutsches Historisches Museum, Berlin.

Seit 1613 herrschen die Romanows über das Russische Reich.
Mit der Abdankung von Nikolaus II. im März 1917 geht die über 300 Jahre währende Herrschaft dieses Adelsgeschlechts zu Ende. 1918 wird der letzte Zar mit seiner Familie in Jekaterinburg von den Bolschewiki erschossen.

13 ***Russische Bauern stehen Schlange bei der Essensausgabe des Roten Kreuzes***, 1892.
Keystone / The Granger Collection.

Ausbleibende Niederschläge führen 1891/92 zu Missernten in Russland.
Der Ausbruch von Cholera und Typhus schwächt die Menschen zusätzlich.
Dennoch fördert die Regierung weiterhin den Export von Getreide.
Die Hungersnot fordert eine halbe Million Todesopfer.

14 ***Bauernfamilie***, um 1910.
ullstein bild.

Zar Alexander II. hebt 1861 die Leibeigenschaft auf. Mehr als ein Viertel der ehemaligen Leibeigenen kann wegen der zu kleinen Landparzellen nicht von den Erträgen des eigenen Bodens leben. Die Lebensbedingungen verschlechtern sich, und viele Bauern erleiden bittere Armut.

15 De Jongh Frères, ***Schlafsaal einer Textilfabrik in Moskau***, um 1890.

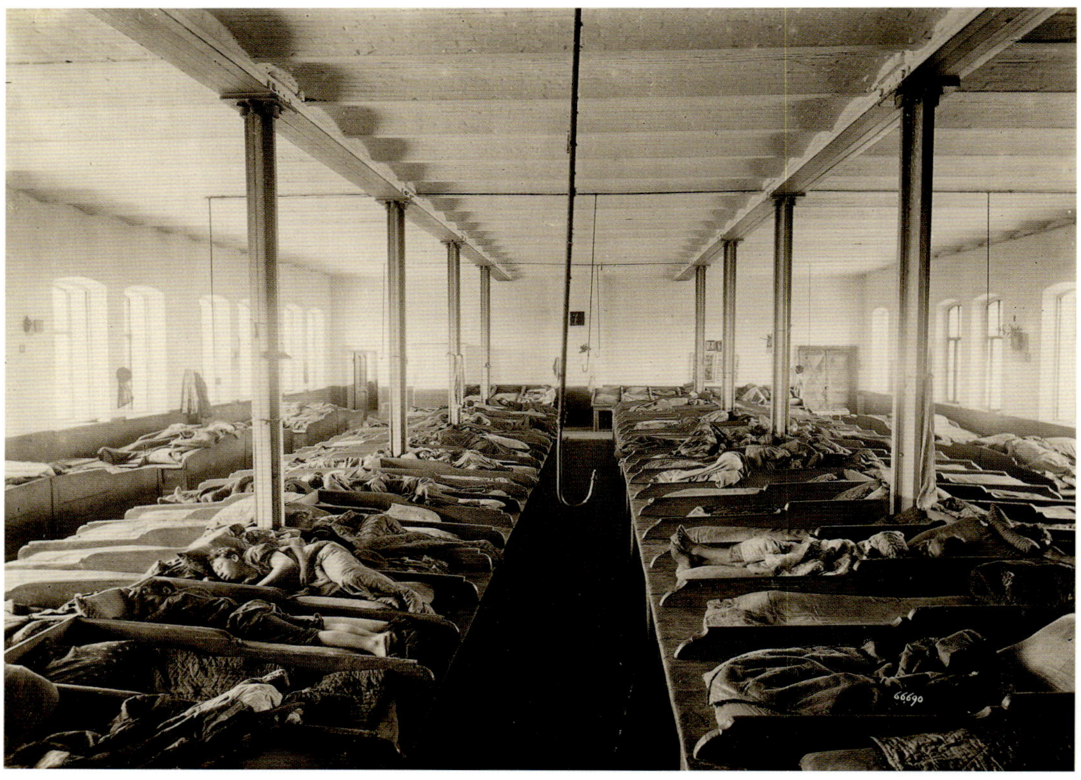

Durch den Zuzug bäuerlicher Wanderarbeiter wächst die Bevölkerungszahl der Städte stark an. In Fabriken und Bergwerken herrschen oft elende Zustände. Bis 1905 gibt es keine gesetzlich anerkannten Gewerkschaften. Streiks sind verboten. Trotz Reformbemühungen sind die Arbeiter kaum vor Ausbeutung geschützt.

16 Konstantin Sawizki, ***Reparaturarbeiten an der Eisenbahn***, 1874.
Öl auf Leinwand, 103 × 180,8 cm.
Die Staatliche Tretjakow Galerie, Moskau.

Der Aufbau des Eisenbahnnetzes ist einer der zentralen Pfeiler der russischen Industrialisierung. Insbesondere der Bau der Transsibirischen Eisenbahn ab 1891 ist ein wichtiger Motor der ökonomischen Entwicklung. Die geografische Mobilität im Zarenreich wächst spürbar.

17 Postkarte, ***Baku, Die Kerosinfabrik (Schwarze Stadt)***, undatiert.
Universität Basel, Departement Geschichte.

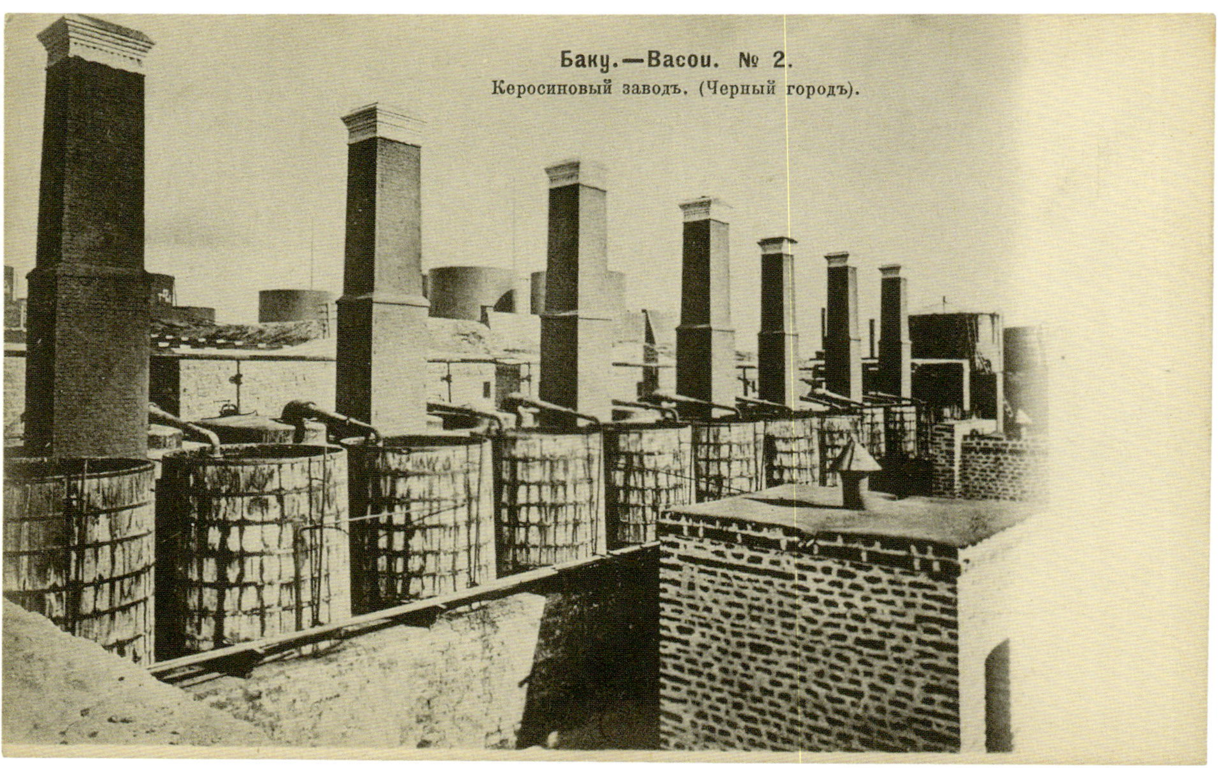

Seit den 1890er Jahren wird die Industrialisierung vorangetrieben. Das Zarenreich will durch staatliche Investitionen in den Eisenbahnbau und die Rüstungsindustrie den wirtschaftlichen Rückstand zum Westen aufholen. Die Stadt Baku am Kaspischen Meer ist Ende des 19. Jahrhunderts führend in der Erdölförderung.

18 ***Schweizer Verein in Moskau***, um 1900.
Schweizerisches Sozialarchiv, Zürich.

Seit Mitte des 19. Jahrhunderts versuchen Schweizer Unternehmer und Ingenieure sowie Handwerker und Bauern ihr Glück im Zarenreich. Als Spezialisten tragen sie zum Aufbau der russischen Industrie bei. Sehr gefragt sind Lehrerinnen und Gouvernanten aus der Romandie, denn Französisch ist die Bildungssprache der Russen.

19 Firma Fabergé und Firma H. Moser & Cie., ***Tischuhr***, 1908.
Emaille, Silbervergoldung.

Der Schaffhauser Heinrich Moser (1805–1874) eröffnet 1828 in St. Petersburg eine Filiale einer der bedeutendsten Schweizer Uhrenfirmen. Hergestellt werden die Uhren der Marke H. Moser & Cie. in der eigenen Manufaktur in Le Locle in der Schweiz. Sogar Lenin soll angeblich im Besitz einer Moser-Taschenuhr gewesen sein.

20 Sergej Iwanow, ***Die Erschiessung***, 1905.
Öl auf Leinwand, 72 × 62 cm.

Am 9. Januar 1905 wollen rund 140 000 Menschen in St. Petersburg dem Zar Bittschriften überreichen. Die Regierung lässt auf den friedlichen Demonstrationszug schiessen – über 100 Menschen sterben. Der sogenannte Blutsonntag löst eine Streikwelle aus, die in die Revolution von 1905 mündet.

21 ***Eröffnung der ersten Duma***, 1906.
Keystone / Heritage Images / Fine Art Images.

Zar Nikolaus II. eröffnet am 27. April 1906 das erste gewählte russische Parlament. Die Duma verfügt aber kaum über eigene Kompetenzen, ihre Gründung ist vor allem eine Reaktion auf die Revolution von 1905. Bis 1917 wird die Duma drei Mal vom Zaren aufgelöst und weiter entmachtet.

22 ***Opfer eines Pogroms in Kischinjow (heute Chişinău)***, 1903.

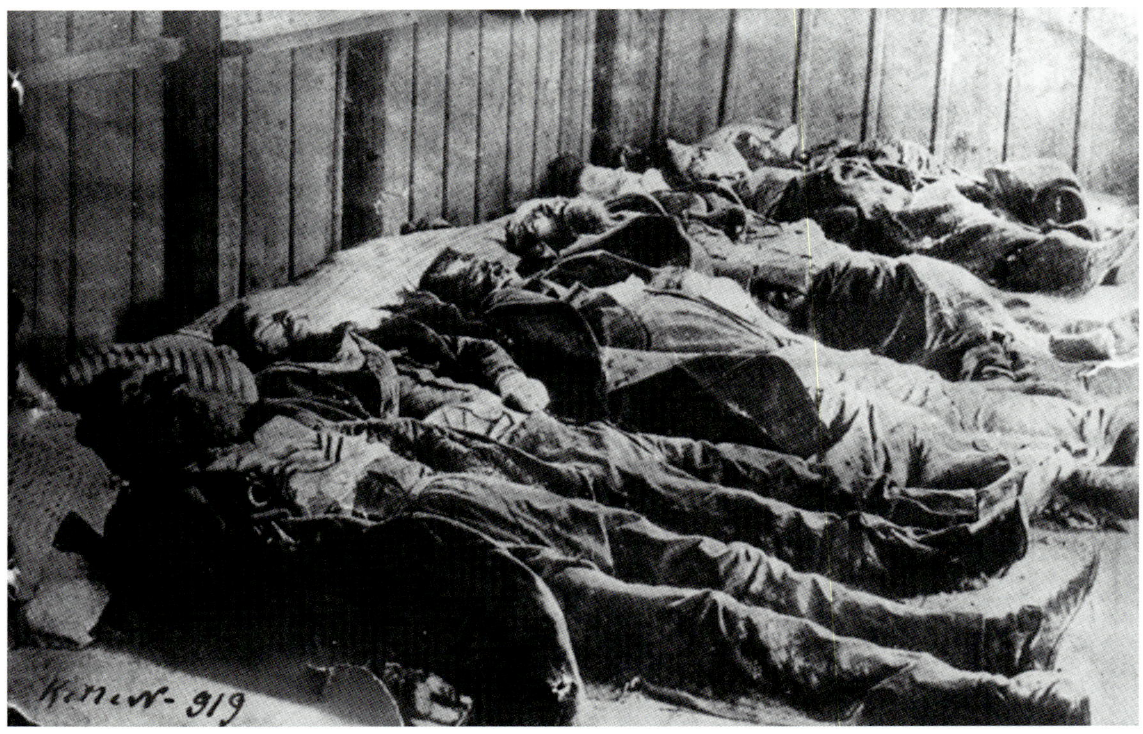

Die Politik des Zarenreichs der jüdischen Bevölkerung gegenüber schwankt im 19. Jahrhundert zwischen Diskriminierung und Toleranz. Die Ermordung von Zar Alexander II. 1882 dient Antisemiten als Vorwand für neue Pogrome.

23 Postkarte, «Typenbilder» ***Kalmücken-Frauen,*** Astrachan, undatiert.
Universität Basel, Departement Geschichte.

Im Gebiet des Zarenreichs leben rund 100 verschiedene Nationalitäten und ethnische Gruppen. Im 19. Jahrhundert wird, insbesondere in den Westprovinzen, ein verstärktes Nationalbewusstsein spürbar. Der Zar reagiert darauf mit einer verstärkten «Russifizierung».

Die Juden in Russland

Die Teilungen Polens Ende des 18. Jahrhunderts bescheren Russland Gebiete, die von Hunderttausenden von Juden bevölkert sind. Wie geht die Zarenregierung, die bis zu diesem Zeitpunkt ausgerechnet die Niederlassung von Juden auf russischem Gebiet untersagte, mit dieser jüdischen Gemeinschaft um? Anfänglich schwebt der Regierung noch eine zügige Integration der neuen Bürger vor, doch schon bald werden die ersten Ausnahmegesetze erlassen. Sie sind an Juden gerichtet, die eine Konversion zum christlich-orthodoxen Glauben ablehnen. Einige von ihnen vermochten sie in der Folge zur Annahme des christlichen Glaubens zu bewegen. Im ausgehenden 18. Jahrhundert wird ein Ansiedlungsrayon definiert, ausserhalb dessen sich Juden nur in Ausnahmefällen niederlassen dürfen.

Je nachdem, welcher Zar gerade an der Macht ist, schwankt die Regierung im 19. Jahrhundert zwischen Ausschluss und Diskriminierung auf der einen und Toleranz und Integration auf der anderen Seite. Unter Nikolaus I. (1825–1855) versucht man, die Assimilation der Juden mit Zwangsmassnahmen zu erreichen. Davon zeugen zum Beispiel die Einführung einer für junge Juden besonders harten und langen Wehrpflicht im Jahr 1827 oder die Abschaffung der Kehillah, der Selbstverwaltungsorgane der jüdischen Gemeinden von 1844. Zu den wirtschaftlichen Hindernissen, die den Juden in den Weg gelegt werden, kommt ab Mitte der 1830er Jahre noch eine schrittweise Verkleinerung des Ansiedlungsrayons hinzu. Unter Alexander II. (1855–1881) wird der diskriminierende Umgang mit den Juden etwas gemässigt: Ein Teil der jüdischen Bevölkerung darf den Ansiedlungsrayon verlassen, und die gesellschaftliche wie berufliche Freizügigkeit der Juden nimmt zu.

Mit der Ermordung des Zaren im Jahr 1881 beginnt eine längere und für die jüdische Bevölkerung folgenschwere Phase der Reaktion. Ab 1882 verwehrt man den Juden die Niederlassung ausserhalb der Städte und das Bekleiden öffentlicher Ämter, 1887 wird an den Sekundarschulen und den Hochschulen ein Numerus clausus für Juden eingeführt. Der gesellschaftliche Aufstieg der Juden und ihre wirtschaftlichen Aktivitäten werden massiv erschwert. 1891 werden 15 000 jüdische Handwerker aus Moskau ausgewiesen. Die Ermordung des Zaren dient schliesslich als Vorwand für eine Reihe von Pogromen im Zarenreich. Diese werden zwar nicht gerade von öffentlicher Seite orchestriert – die Täter stammen meist aus der städtischen Unterschicht – doch die Nachsicht und Trägheit des Zarenregimes und der örtlichen Polizeieinheiten werden von den Gewalttätern als Ermutigung für ihre Taten interpretiert.

Ab dem ausgehenden 19. Jahrhundert wird den Juden alles Mögliche zur Last gelegt: Sie würden das russische Volk wirtschaftlich ausbeuten, Ritualmorde begehen, schädliche westliche Einflüsse nach Russland bringen, und sie wären die Hauptdrahtzieher des revolutionären Aufruhrs. Durch entsprechende Bekundungen von regierungsnahen extremistischen Nationalisten wird der Antisemitismus schliesslich salonfähig. Eine weitere Welle von Pogromen in Russland sollte folgen. 1903 erschüttert das schreckliche Pogrom von Kischinjow (heute Chişinău) zahlreiche progressive Russen und sorgt weltweit für Empörung. Der Russisch-Japanische Krieg und die Revolution von 1905 führen zu weiteren gewalttätigen Übergriffen auf Juden, unter anderem zu den Pogromen von Melitopol, Simferopol, Bialystok, Jekaterinoslaw (Dnipro, 1926–2016 Dnipropetrowsk) und Odessa. Immer häufiger sehen sich die Täter nun aber auch gut organisierten Selbstverteidigungsgruppen gegenüber.

Von der viel gerühmten friedlichen emanzipatorischen und integrativen Entwicklung aus der Zeit Alexanders II. ist man jedenfalls weit entfernt. Der Volkszählung von 1897 zufolge sind weniger als 25 Prozent der russischen Juden in der Lage, die russische Sprache zu lesen oder zu schreiben, und mehr als 95 Prozent bezeichnen Jiddisch als ihre Muttersprache. Abgesehen von einer wohlhabenden und gebildeten Minderheit, die massgeblich an der wirtschaftlichen Entwicklung des Landes teilhat, sind die fünf bis sechs Millionen Jüdinnen und Juden des Zarenreichs vor Kriegsausbruch rechtlich, politisch und gesellschaftlich marginalisiert.

Wie reagieren Russlands Juden auf diese Art der Gewalt und Diskriminierung? Eine Reaktion ist die Emigration. Zwischen 1881 und 1914 verlassen rund zwei Millionen Juden das russische Zarenreich. Viele wandern nach Nordamerika oder auch nach Grossbritannien aus, andere zieht es schon damals nach Palästina. Einige beschäftigen sich denn auch bereits mit der Frage nach einem jüdischen Nationalstaat, was nicht zuletzt auch eine Folge dieses diskriminierenden Umgangs mit den Juden ist. Der von Theodor Herzl begründete Zionismus verzweigt sich rasch in verschiedene Strömungen und findet in Russland eine breite Anhängerschaft. Von den knapp 200 Delegierten, die 1897 am ersten Zionistenkongress in Basel teilnehmen, stammen 66 aus dem russischen Zarenreich.

Eine weitere Folge der diskriminierenden und antisemitischen Politik in Russland ist die starke Beteiligung der Juden an der revolutionären Bewegung in Russland, besonders bei den Sozialrevolutionären und in der Sozialdemokratischen Partei. Der 1897 im damaligen Wilna (Vilnius) gegründete Allgemeine Jüdische Arbeiterbund von Polen, Russland und Litauen, Der Bund, fordert für Juden Autonomie innerhalb der Sozialdemokratischen Arbeiterpartei Russlands und verlangt, dass diese die sozialistische Propaganda auch auf Jiddisch herausgibt und die Interessen des im Zarenreich lebenden jüdischen Proletariats wahrnimmt. Zwischen den Verfechtern des Zionismus, der Sozialistischen Internationalen und des jüdischen Sozialismus – drei komplexen und zum Teil konkurrierenden politischen Strömungen – kommt es zu zahlreichen Verbindungen, aber auch zu heftigen Auseinandersetzungen.

Die Schweiz ist ein beliebtes Ziel für Studenten aus dem russischen Zarenreich. Viele von ihnen sind Juden, da diese in Russland nur bedingt Zugang zu einer höheren Bildung erhalten. Man denke etwa an Chaim Weizmann, der 1949 zum ersten israelischen Staatspräsidenten gewählt werden sollte. Der gebürtige Weissrusse studiert in Freiburg Chemie und lehrt darauf von 1901 bis 1903 an der Universität Genf Biochemie, wo er den ersten zionistischen Verlag gründet. In der Schweiz lernt er auch seine künftige Frau Vera Katzman kennen, die damals an der Universität Genf Medizin studiert.

Eine weitere Besonderheit der russischen Studentenschaft in der Schweiz ist ihr hoher Frauenanteil, da die Frauen im Zarenreich kaum Zugang zu den Hochschulen haben, in der Schweiz dagegen schon. Gleichzeitig Frau und jüdisch zu sein, bedeutet im damaligen Russland eine doppelte Diskriminierung. Einige dieser Studentinnen leisten bedeutende Beiträge für die Wissenschaft, zum Beispiel die 1878 in Lettland geborene Lina Stern, die ab 1898 in Genf Medizin studiert und dort 1918 als erste Frau den Professorentitel erlangt. 1925 kehrt sie in die Sowjetunion zurück, wo sie zuerst ihre Laufbahn fortsetzt und 1949 im Rahmen von Stalins Repressionen gegen die sowjetischen Juden als «Kosmopolitin» verhaftet wird.

Auch für die politischen Emigranten aus dem Zarenreich ist die Schweiz ein beliebtes Ziel. Der führende Ideologe des Jüdischen Arbeiterbunds Wladimir Medem verbringt dort vier Jahre seines Lebens. Von 1903 bis 1914 befindet sich der Sitz des Auslandskomitees des Bundes in Genf, weshalb Wladimir Medem 1903 in seinen Memoiren schreibt, Genf sei das «Zentrum unserer Auslandsgruppen» gewesen. Persönlich bevorzugt Medem jedoch Bern, das er als «regelrechte Bundistenhochburg» beschreibt, denn in Bern «wimmelte es nur so von Russen (genau genommen von Juden)». Die jüdische Kolonie, diese «kleine Insel in einem fremden Meer», auf der «brüderliche Wärme» herrscht, erinnert ihn an das «familiäre und herzliche [...] Schtetl».

Die Februarrevolution von 1917 verhilft den russischen Juden zur Emanzipation: Die provisorische Regierung hebt die nationalen und religiösen Diskriminierungen auf, und die Juden können die vollen Bürgerrechte erlangen und sich ausserhalb des Ansiedlungsrayons niederlassen. Die politischen Umbrüche vom Februar 1917 werden von den Juden in Russland im Allgemeinen mit Erleichterung aufgenommen, und die Oktoberrevolution bekräftigt diese jüngsten Entwicklungen noch: Am 15. November wird in der Deklaration der Völker Russlands die Gleichheit und Souveränität aller Völker verkündet. Und als während des Bürgerkriegs eine schreckliche Welle von Pogromen über das russische Gebiet hereinbricht, verurteilt Lenin die «antisemitische Propaganda [als] konterrevolutionäres Verbrechen». Im Juli 1919 führt indes ein Dekret gegen den Zionismus zu Repressionen gegen zionistische Organisationen. Auch wenn Jiddisch nach der Revolution als Nationalsprache der sowjetischen Juden Anerkennung findet, wird Hebräisch als «klerikale und reaktionäre» Sprache unterdrückt. Im Unterschied zu anderen offiziell anerkannten Nationalitäten verfügen die Juden in der UdSSR über kein eigenes Hoheitsgebiet, es sei denn, man betrachtet als solches das ab 1928 im russischen Fernen Osten gegründete Jüdische Autonome Gebiet (Oblast) Birobidschan, in dem sich nur wenige sowjetische Juden niederlassen.

Nach der Revolution integriert sich ein Teil der sowjetischen Juden in die russische Gesellschaft. In der Zwischenkriegszeit ist zunächst kulturelle Autonomie spürbar, auch wenn die jüdische Religion wie jede andere Religion unterdrückt wird. Zahlreiche Zeitungen, Theater, Schulen, Kulturzentren und Institute zeugen von der damals lebendigen jüdischen Kultur in der UdSSR.

Die Situation ändert sich Anfang der 1930er Jahre mit dem Beginn der Industrialisierung, der Kollektivierung der Landwirtschaft, der Zentralisierung des politischen Lebens, der Ideologie und der Rückkehr zu einer repressiveren Nationalitätenpolitik. Auch die sowjetischen Juden werden von den Repressionen der Stalinzeit nicht verschont. Die jüdische Sektion der Kommunistischen Partei (Jewsekzija) wird 1930 aufgelöst, viele ihrer Mitglieder verschwinden in der Zeit des «Grossen Terrors» (1937–1938).

Das schreckliche Schicksal der osteuropäischen Juden im Zweiten Weltkrieg ist bekannt. Nur sehr wenige wissen jedoch, dass die sowjetischen Juden nach 1948 auch im eigenen Land unter systematischen Repressionen zu leiden haben: Unter dem Vorwand des Kampfs gegen den «Kosmopolitismus» und aus Beunruhigung über das Interesse der sowjetischen Juden am noch jungen israelischen Staat macht es sich Stalin zur Aufgabe, alles zu zerstören, was in der UdSSR noch an jüdischer Kultur vorhanden ist: Nebst einer allgemeinen schleichenden Verfolgung der sowjetischen Juden wird den jüdischen Kulturinstitutionen das Rückgrat gebrochen, und ihre Vertreter verschwinden. Im Januar 1953 werden neun Ärzte, von denen sechs jüdisch sind, der Vorbereitung von Mordanschlägen auf sowjetische Regierungsvertreter angeklagt. Diese grossangelegte antisemitische Kampagne endet erst mit Stalins Tod im März 1953.

Die Diskriminierung der sowjetischen Juden geht weiter: Davon zeugt der Antisemitismus, der sich hinter der Bekämpfung des «Zionismus» verbirgt und in engem Zusammenhang mit der sowjetischen Nahostpolitik steht. Die Auswanderung von mehr als 250 000 sowjetischen Juden zwischen 1968 und 1981 und der massive jüdische Exodus seit 1991 stehen für den gescheiterten Traum einer sowjetischen Welt, die keinerlei jüdische Diskriminierung mehr kennt, nachdem die Juden in der UdSSR oft weder jüdisch noch nichtjüdisch sein durften.

24 ***Pogrom in Odessa***, 1905.

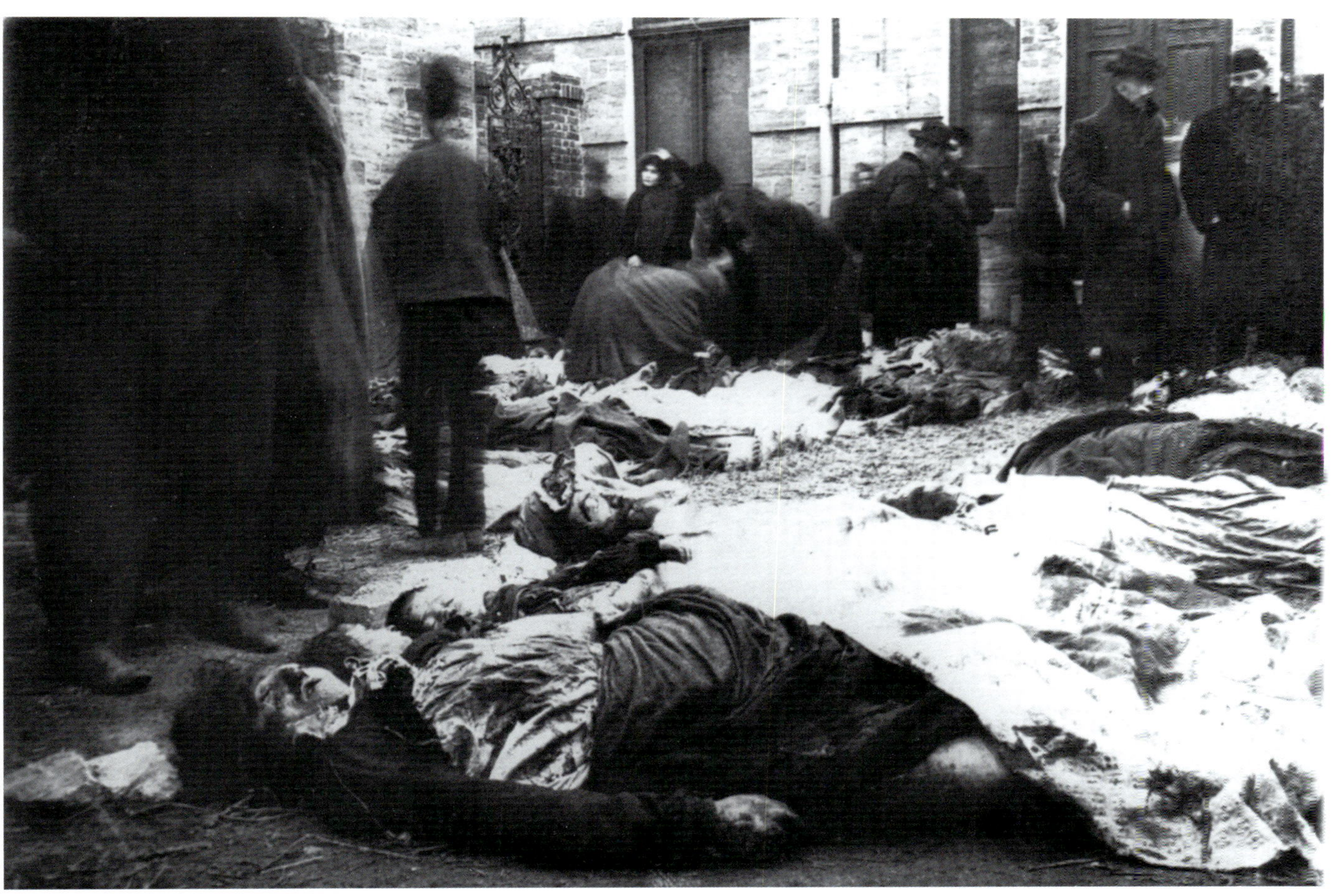

Die Hafenstadt Odessa war einst ein wichtiges Zentrum jüdischen Lebens im Russischen Reich. Im Oktober 1905 kommt es zu einem grausamen Pogrom, dem über 400 Jüdinnen und Juden zum Opfer fallen und der 300 Verletzte zurücklässt. Über 1600 jüdische Wohnungen und Geschäfte werden zerstört.

25 Plakat, ***Bundisten***, Kiew, 1918.
From the Archives of the YIVO Institute for Jewish research, New York.

Die jüdische Arbeiterpartei, Der Bund, gegründet 1897 in Wilna (Vilnius), stellt sich zur Wahl für die Verfassungsgebende Versammlung nach der Oktoberrevolution. Viele Bundisten stehen den Bolschewiki aber kritisch gegenüber.

דארטען, וואו מיר לעבען,
דארט איז אונזער לאנד!
חברים און בירגער
שטימט פאר די קאנדידאטען פון
„בונד“
№ 9
זעהט.
אז אין גרינדונגס־פערזאמלונג זאל
זיך הערען די שטים פון אידישען
ארבייטער־קלאס
Типография Киевского Совета Рабочих Депутат. Александровская 45. Тел. 64 94.
א דעמאקראטישע רעפובליק!
פולע פאליטישע און נאציאנאלע רעכט פאר אידען

26 Plakat, ***Wer ist Antisemit?***, Moskau, 1930.

Die Februarrevolution von 1917 verhilft den russischen Juden zur Emanzipation: Die provisorische Regierung hebt die nationalen und religiösen Diskriminierungen auf, und die Juden können die vollen Bürgerrechte erlangen. Unter Stalin werden sie jedoch wieder Opfer staatlicher Repression.

КТО АНТИСЕМИТ?

БЫЛ ОН В ЧИНАХ ГЕНЕРАЛЬСКИХ и ПРОЧИХ
ЦАРСКИЙ САТРАП—УСМИРИТЕЛЬ РАБОЧИХ

НУ, А ТЕПЕРЬ НИ ЧИНОВ НИ МУНДИРА,
ЗНАЙ НАДРЫВАЕТСЯ: „ЯВА“ и „ИРА“

БЫЛ ОН БОГАТ—НЕ СОЧТЕШЬ КАПИТАЛОВ.
СТАРАЯ ФИРМА—ЕГОР ОБИРАЛОВ.

НУ, А ТЕПЕРЬ—ХОТЬ ИДИ ПОБИРАТЬСЯ:
ЖМЕТ ЕГО, ЧАСТНИКА, КООПЕРАЦИЯ.

ПЫШНАЯ ДАМА, ВДОВА ГЕНЕРАЛА,
ПЕНСИЮ ВДОВЬЮ С КАЗНЫ ПОЛУЧАЛА.

ЕЖЕЛИ-Ж НЫНЧЕ ПРИХОДИШЬ В СТРАХКАССУ.
ПЕНСИИ НЕТ ГЕНЕРАЛЬСКОМУ КЛАССУ.

БАРИН—ПОМЕЩИК, ВЛАДЕЛЕЦ ЗАВОДА
ПОТ ВЫЖИМАЛ ИЗ „ПРОСТОГО НАРОДА“.

НЫНЧЕ-Ж-НАД ПРОШЛЫМ ПОСТАВЛЕНА ТОЧКА.
СТАЛ НАШ ЗАВОДЧИК „КУСТАРЬ-ОДИНОЧКА“.

МАСТЕРУ В ПРОШЛОМ-НИКТО НЕ ПОМЕХА:
ХОДИТ, БЫВАЛО, ХОЗЯИНОМ ЦЕХА.

ТО-ТО ЖИЛОСЬ ЗАМЕЧАТЕЛЬНО. НЫНЕ-Ж
В ЗУБЫ ФАБРИЧНОМУ БОЛЬШЕ НЕ ДВИНЕШЬ.

ГРУЗНЫЙ КУЛАК, ЗДОРОВЕННАЯ ГЛОТКА,
БЫЛ НАДЗИРАТЕЛЬ ГРОЗОЙ ОКОЛОДКА.

КОНЧИЛОСЬ СЧАСТЬЕ. НАШ СТАРЫЙ ЗНАКОМЫЙ
ШКУРУ СМЕНИЛ И... ПРОЛЕЗ В УПРАВДОМЫ.

ЭТИ-ТО ЛЮДИ, ОТ ЗЛОБЫ ЗВЕРЕЯ,
ТЕМНЫХ НАУСЬКИВАЮТ НА ЕВРЕЯ.

Главлит № А 38446 тираж 20000 Издание общества художников станковистов ОСТ. 2-я Госхромолитография «Мосполиграф»

Exilland Schweiz

Die liberale Schweiz – die Schweiz als politisches Asyl

Die Grossmächte hatten der Schweiz eine klare Rolle zugewiesen, als sie 1814/15 die politische Landschaft Europas auf dem Wiener Kongress neu ordneten: Das kleine Alpenland sollte eine friedliche Mitte bilden und als Puffer die Beziehungen zwischen den umliegenden Monarchien stabilisieren. Als die Eidgenossenschaft 1847/48 eigenmächtig ihre Staatsform veränderte und sich in einen liberalen Bundesstaat umwandelte, erschien dies den Wiener Signatarmächten als Affront und Verstoss gegen geltende Prinzipien. St. Petersburg suspendierte bis 1855 den diplomatischen Kontakt. Die ideologische Differenz zwischen der zaristischen Autokratie und der schweizerischen Republik verschärfte sich, und gerade in der Asylfrage prallten die unterschiedlichen politischen Kulturen fortan immer wieder aufeinander.

Schon vor 1848 war die Schweiz ein attraktiver Zufluchtsort für politisch Verfolgte gewesen. Zentrale Lage und Neutralität trugen dazu ebenso bei wie die Verfestigung einer liberalen nationalen Identität seit den 1830er Jahren. Nicht nur das Bekenntnis zu Demokratie und Freihandel, sondern auch der Widerstand gegen Despoten und die verklärte Vorstellung einer bis ins Mittelalter zurückreichenden Asyltradition prägten zunehmend das politische Selbstverständnis der Schweiz. Als sich der junge Bundesstaat gegen äussere Widerstände zu behaupten hatte, erschien das Recht, Asyl zu gewähren, als ein Prüfstein intakter schweizerischer Souveränität. Das Zarenregime begegnete all dem mit Unverständnis. Auf strikte Untertanenkontrolle bedacht, hatte es im Verbund mit Österreich und Preussen die schweizerische Tagsatzung bereits 1823 zu restriktiven fremdenpolizeilichen Massnahmen im Rahmen des Presse- und Fremdenkonklusums genötigt. In der Schweiz von 1848 erblickte die Zarenregierung einen gefährlichen Revolutionsherd. Sie liess ihre geflohenen Landsleute bespitzeln, und vereinzelt verübten russische Geheimpolizisten auch Anschläge gegen die Infrastruktur der politischen Emigration.

Der Bundesrat bemühte sich um Schadensbegrenzung. Er unterzeichnete 1873 einen bilateralen Auslieferungsvertrag und bot – etwa im Fall des zwielichtigen Revolutionärs Sergej Netschajew – Hand dazu, angeblich politische Taten auf ihre kriminellen Aspekte hin zu untersuchen. Mehrfach wurden Anarchisten des Landes verwiesen, so 1881 Pjotr Kropotkin, der seit 1879 in Genf die Zeitschrift *Le Révolté* herausgegeben hatte. Gleich mehrere Personen mussten das Land verlassen, nachdem sich auf dem Zürichberg 1889 zwei Untertanen des Zaren beim Hantieren mit einer selbstgebastelten Bombe verletzt hatten. Im gleichen Jahr wurde die Stelle eines ständigen Bundesanwalts geschaffen.

Die restriktive Tendenz in der schweizerischen Asylpraxis verstärkte sich während des Ersten Weltkriegs und gipfelte nach der Oktoberrevolution in der Einrichtung einer eidgenössischen Zentralstelle für Fremdenpolizei. Das alles änderte aber nichts daran, dass Flüchtlinge, die sich ruhig verhielten, im 19. und frühen 20. Jahrhundert von den Schweizer Behörden wenig behelligt wurden. Ein formalisiertes Asylverfahren gab es noch nicht, und namentlich die Auslieferung an eine fremde Regierung aufgrund politisch motivierter Taten blieb weitgehend ein Tabu.

Politische Emigration

Neben Frankreich und England gehörte die Schweiz zu den wichtigsten Gastländern der revolutionären Emigranten aus dem Zarenreich. Drei Kategorien von politischen Flüchtlingen lassen sich im Wesentlichen unterscheiden. Eine erste Gruppe bildeten die nationalen Freiheitskämpfer, die sich auf dem Gebiet der vormaligen polnisch-litauischen Adelsrepublik gegen die russische Fremdherrschaft erhoben hatten. In zwei Wellen, nach den gescheiterten Aufständen von 1830/31 und 1863/64, strömten Tausende von polnischen

Flüchtlingen nach Westen – nach 1863 auch über 2 000 in die Schweiz. Hier erfuhren die Verfolgten besonders aus liberalen und demokratischen Kreisen viel Sympathie. Nach dem Januaraufstand von 1863/64 wurden über 20 kantonale Polenkomitees gegründet, 1870 entstand im Schloss Rapperswil ein polnisches Nationalmuseum.

Eine zweite Kategorie von Politemigranten umfasste individuelle Dissidenten, die das Schweizer Exil schon früh als Ort der freien Meinungsäusserung und der Publikation politischer Schriften nutzten. Prominentester Vertreter dieser Gruppe war der Schriftsteller Alexander Herzen, der 1849 vor der französischen Polizei in die Schweiz flüchtete und zwei Jahre später das Bürgerrecht von Châtel (Burg) bei Murten erhielt. Zusammen mit Nikolai Ogarjow gab Herzen die revolutionäre Zeitung *Kolokol* (Glocke) heraus, die ab 1865 in Genf gedruckt wurde. Herzen verkörperte eine ältere Generation der politischen Emigration, die den Anschluss an die Entwicklungen in Russland allmählich verlor. Ganz anders der Anarchist Michail Bakunin, der seit den 1840er Jahren ebenfalls immer wieder in der Schweiz lebte: Er begeisterte sich für den revolutionären Elan der Jungen und scharte bis zu seinem Tod selber zahlreiche Anhänger um sich.

Damit sind wir bei der dritten und wichtigsten Kategorie angelangt – eben bei jener neuen Generation von Revolutionären, die sich seit den 1860er Jahren in steigender Zahl in der Schweiz niederliessen. In Russland waren diese Personen oftmals an Studentenunruhen oder sozialrevolutionären Agitationen beteiligt gewesen. Nicht nationale Freiheit stand auf ihren Fahnen, sondern die radikale Umgestaltung der Gesellschaftsordnung. Stärker als die frühen Exildissidenten blieben sie den subversiven Netzwerken der Heimat verbunden, konsequenter ging bei ihnen die abstrakte Reflexion mit einem – oft auch gewaltbereiten – Pragmatismus einher. Dabei sind viele Untergruppen zu verzeichnen, die sich unter anderem in ihrer Haltung zum Terror unterschieden. Die Anhänger der Kampfformation Narodnaja Wolja (Volkswille), die 1881 ein erfolgreiches Attentat auf Zar Alexander II. verübt hatte, gaben 1883 bis 1886 in Genf ihren *Westnik Narodnoj Woli* (Bote des Volkswillens) heraus; ihnen folgten später die Vertreter der terrorbereiten Untergrundpartei der Sozialrevolutionäre. 1906 kam es gar zu einem Anschlag auf Schweizer Boden, als die junge Russin Tatjana Leontjewa im Grandhotel Jungfrau in Interlaken einen Rentner erschoss – in der irrigen Meinung, es handle sich um einen vormaligen russischen Innenminister. Demgegenüber hatte sich bereits in Russland 1879 ein Kreis von Terrorgegnern um Georgi Plechanow, Pawel Axelrod und Wera Sassulitsch formiert. Aus diesem Lager heraus entstand 1883 in Genf die marxistische Gruppe Oswoboschdenie Truda (Befreiung der Arbeit), die wiederum zu den Vorläufern der Sozialdemokratischen Arbeiterpartei Russlands zählte. Letztere publizierte ihre Zeitschrift *Iskra* (Funke) zeitweilig ebenfalls in Genf.

Insgesamt boten sich auch den Politemigranten dieser dritten Kategorie vorteilhafte Bedingungen in der Eidgenossenschaft. Im Gegensatz zu den polnischen Freiheitskämpfern konnten sie zwar nicht mehr mit einer grossen Solidarität der Schweizer Bevölkerung rechnen. Doch auch sie profitierten von den Freiheiten ihres Gastlandes und fanden hier eine bereits gut organisierte Kolonie kritisch gesinnter Landsleute vor.

Nach dem Sturz des Zarenregimes in der Februarrevolution reisten 1917 zahlreiche Politemigranten nach Russland zurück – so auch Wladimir Lenin, der Anführer der bolschewistischen Fraktion der russischen Sozialdemokratie. Lenin hatte während des Weltkriegs im Schweizer Exil sein politisches Programm geschärft. Auf den internationalen sozialistischen Konferenzen von Zimmerwald (1915) und Kiental (1916) war er energisch für die proletarische Weltrevolution und einen Bürgerkrieg gegen die eigenen Regierungen eingetreten. Er unterlag aber mit seinen radikalen Forderungen der grundsätzlich pazifistisch eingestellten Mehrheit, zu der auch der führende Schweizer Sozialdemokrat Robert Grimm tendierte. Immerhin schlug sich mit Fritz Platten ein anderer prominenter Schweizer Linker auf die Seite Lenins. Im April 1917 war Platten massgeblich an der Organisation von Lenins Heimreise im sogenannten plombierten Eisenbahnwagen beteiligt.

Innerhalb der russischen Kolonie der Schweiz führten die scharfen Positionen der Bolschewiki zu einer Intensivierung der Frontenbildung – und nach der Oktoberrevolution zu einem erbitterten Verdrängungskampf. Im Mai/Juni 1918 gelang es einer bolschewistischen Delegation unter Jan Berzin, die bisherige russische Gesandtschaft zu vertreiben, sich selber als einzige massgebliche Vertretung des neuen Russlands in Bern zu etablieren und eine rege Propagandatätigkeit aufzunehmen. Im November 1918, am Vorabend des Landesstreiks, wurde die Sowjetmission aus der Schweiz ausgewiesen.

Touristen und Schwindsüchtige, Studentinnen und Soldaten

Es waren aber bei weitem nicht nur politische Flüchtlinge, die aus dem Zarenreich in die Schweiz kamen. Die landschaftliche Schönheit der Alpen hatte schon im 18. Jahrhundert adlige Touristen angelockt, zumal die russische Literatur den Mythos einer idyllischen und glücklichen schweizerischen Bergwelt kolportierte. Die Reiseberichte des Schriftstellers und Historikers Nikolai Karamsin sind ein bekanntes Beispiel dafür. Später bevölkerten Tausende von kranken, meist an Tuberkulose leidenden Untertanen des Zaren die Gaststätten und Sanatorien der Schweizer Berggemeinden. 1911 errichtete die russische Regierung eine eigene konsularische Vertretung in Davos.

Zahlreich waren auch die bildungshungrigen Russen und vor allem Russinnen, die es seit den 1860er Jahren an die Schweizer Universitäten zog. Während den Frauen im Zarenreich bis ins 20. Jahrhundert der Zugang zum ordentlichen universitären Studium verwehrt blieb, wurde 1867 die Russin Nadeschda Suslowa als erste Frau an der Universität Zürich promoviert. In Zürich studierten unter anderem die spätere Revolutionärin Wera Figner und die aus Polen stammende Sozialdemokratin Rosa Luxemburg. Angesichts der offensichtlichen Verflechtungen zwischen studentischer und revolutionärer Exilgemeinde verbot der Zar seinen weiblichen Untertanen 1873 das Studium in Zürich; darauf wich ein Teil der Studentinnen an andere Schweizer Universitäten aus. Nach der Jahrhundertwende folgte eine zweite «Russenwelle»: Im Wintersemester 1906/07 studierten in der Schweiz mehr als 2 300 Personen aus dem Zarenreich, davon rund 1 500 Frauen; das entsprach 36 Prozent aller Studierenden. Betrachtet man nur die Frauen, so machten die Russinnen in den ersten Jahren des 20. Jahrhunderts etwa drei Viertel aller Studentinnen aus. Die meisten von ihnen entschieden sich für das Studium der Medizin.

Gemäss Volkszählung lebten 1910 knapp 8 500 Personen aus dem europäischen Russland in der Schweiz, die Hälfte davon in Zürich und Genf. Nach Ausbruch des Ersten Weltkriegs bemühten sich viele dieser Leute um eine Repatriierungsmöglichkeit. Gleichzeitig strömten jetzt aber neue Russinnen und Russen in die neutrale Eidgenossenschaft: Personen, die im nunmehrigen deutschen oder österreichischen Feindesland gelebt hatten, sowie rund 3 000 Soldaten, die als Deserteure oder entflohene Kriegsgefangene eine schützende Bleibe suchten. Wie die Studierenden sahen auch sie sich alsbald von politischen Aktivisten aller Lager umworben. Sie wurden damit unweigerlich Teil einer politisierten Kolonie, die gebannt auf die sich anbahnenden Umbrüche in der russischen Heimat blickte.

27 Zeitung ***Iskra***, Nr. 18, März 1902.
Schweizerische Osteuropabibliothek, Bern.

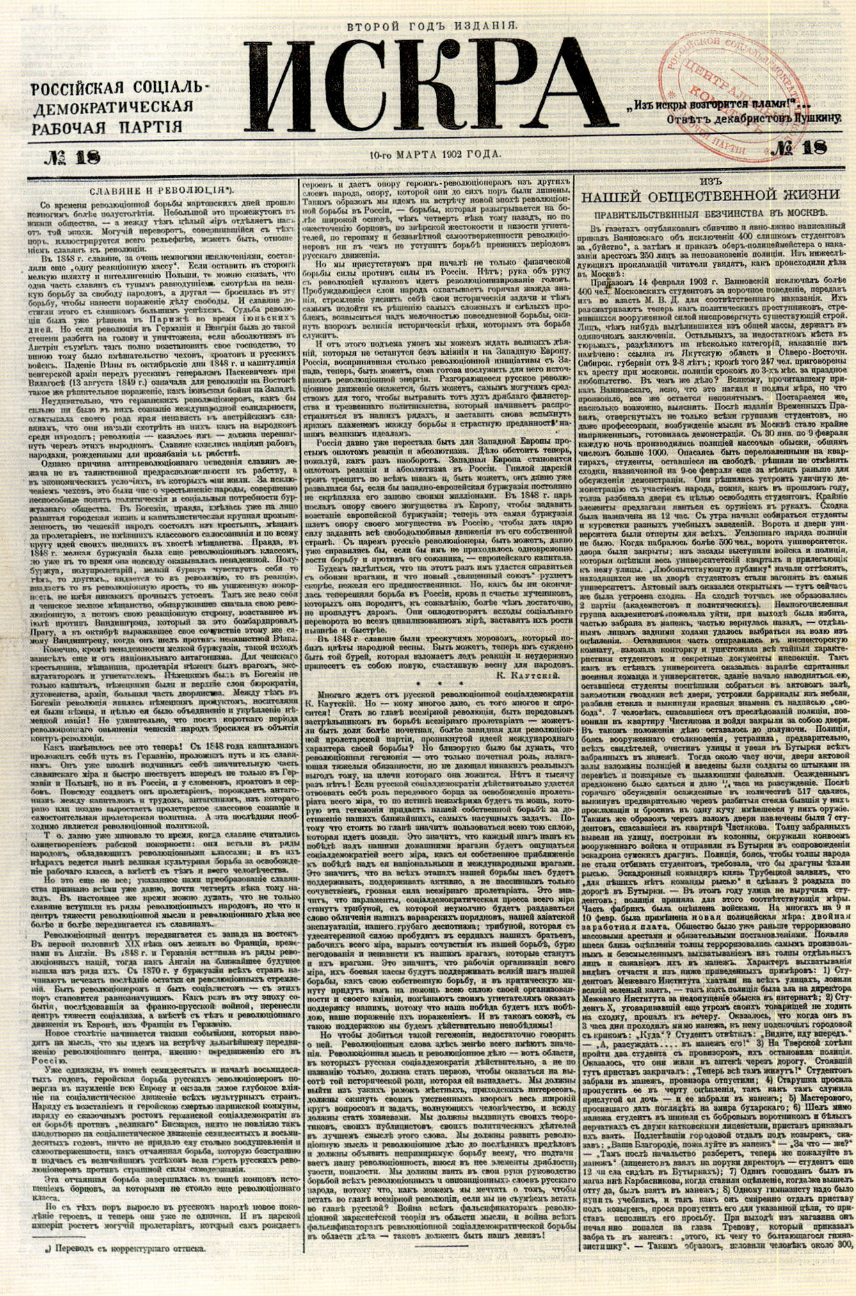

ВТОРОЙ ГОДЪ ИЗДАНІЯ.

ИСКРА

РОССІЙСКАЯ СОЦІАЛЬ-ДЕМОКРАТИЧЕСКАЯ РАБОЧАЯ ПАРТІЯ

„Изъ искры возгорится пламя!“... Отвѣтъ декабристовъ Пушкину.

№ 18 — 10-го МАРТА 1902 ГОДА. — № 18

СЛАВЯНЕ И РЕВОЛЮЦІЯ*).

К. Каутскій.

*) Переводъ съ корректурнаго оттиска.

ИЗЪ НАШЕЙ ОБЩЕСТВЕННОЙ ЖИЗНИ

ПРАВИТЕЛЬСТВЕННЫЯ БЕЗЧИНСТВА ВЪ МОСКВѢ.

Die seit Mitte des 19. Jahrhunderts in der Schweiz weilenden Revolutionäre drucken Zeitschriften und Bücher, die sie nach Russland schmuggeln. Lenin ist Mitbegründer der 1900 erstmals erschienenen Zeitschrift der russischen Sozialdemokratie *Iskra* (der Funke). Sie wird in Genf, London und München gedruckt.

28 Anton Krenn, ***Lenins Arbeitstisch. Spiegelgasse 14***, um 1917.

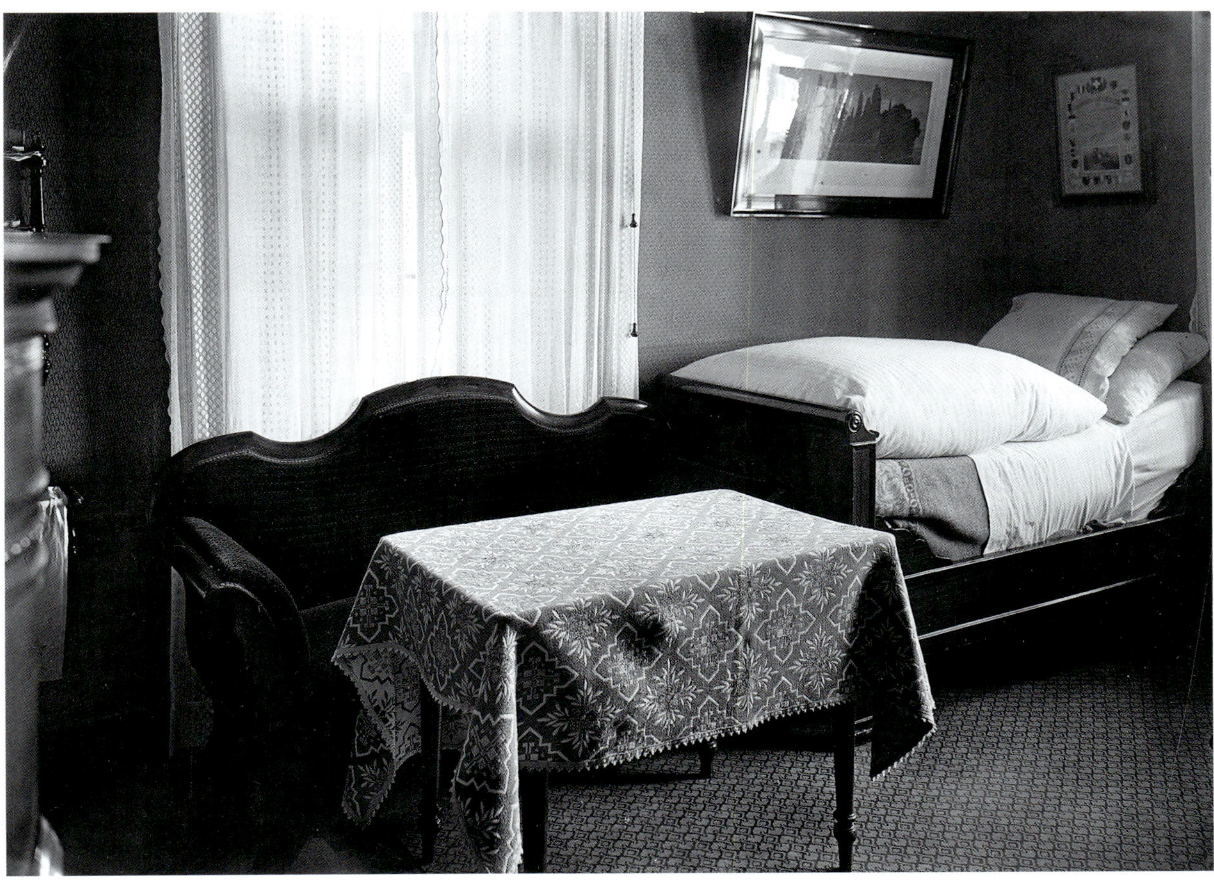

Der Revolutionsführer Lenin (Wladimir Iljitsch Uljanow, 1870–1924) und seine Frau Nadeschda Krupskaja wohnen ab 1916 in Zürich an der Spiegelgasse 14 in einfachen Verhältnissen. Der Pressefotograf Anton Krenn fotografiert die ehemalige Wohnung der Eheleute unmittelbar nach der Oktoberrevolution.

29 ***Ausleihschein von Lenin aus der Nationalbibliothek***, 1915.
Schweizerische Nationalbibliothek, Bern.

Nur für den Lesesaal.

Buch-Signatur: (Cote) N 14180

Titel (Name des Verfassers voranzustellen):

Bändezahl: 1

Entlehner:

Beruf oder Stand:

Ort und Wohnung:

Datum 191

Lenin liest und schreibt unermüdlich und verbringt viel Zeit in Schweizer Bibliotheken. Vom helvetischen Bibliothekswesen begeistert, befiehlt er nach der Oktoberrevolution die Einführung von Bibliotheken in Russland nach Schweizer Vorbild.

30 ***Präsenzliste der Zimmerwalder Konferenz***, 1915.
Collection Robert Grimm, International Institute of Social History, Amsterdam.

Für die deutsche Delegation
Georg Ledebour   Adolph Hoffmann

Für die französische Delegation
A. Bourderon   A. Merrheim

Für die italienische Delegation
G. E. Modigliani   Costantino Lazzari

Für die russische Delegation
N. Lenin   Paul Axelrod
M. Bobrov

Für die polnische Delegation
Stanislas Lapinski   A. Warski.
Czeslaw Hanecki

Für die interbalkanische sozialistische Föderation
im Namen der rumänischen Delegation   im Namen der bulgarischen Delegation
C. Racovski   Wassil Kolarow

Für die holländische Delegation
H. Roland Holst

Als Vogelfreunde getarnte sozialistische Kriegsgegner halten im September 1915 in der Berner Gemeinde Zimmerwald eine internationale Friedenskonferenz ab. Unter den 38 Teilnehmenden befinden sich Lenin und Trotzki sowie die Schweizer Robert Grimm und Fritz Platten. Sie verabschieden ein Manifest, das den Krieg verurteilt und weltweit die Arbeiterbewegung zum Widerstand aufruft.

31 Portrait ***Fritz Platten***, undatiert.
Universitätsbibliothek Basel, Handschriften und Alte Drucke,
NL 340 Platten, Fritz N.

Fritz Platten (1883–1942), Schweizer Sozialdemokrat, später Kommunist und enger Vertrauter von Lenin, organisiert dessen Rückreise nach Petrograd. Platten rettet bei einem Attentat 1918 Lenins Leben. 1923 wandert er in die Sowjetunion aus und wird 1942 im Zuge der Stalinistischen Säuberungen ermordet.

32 Portrait ***Robert Grimm***, um 1925.
Schweizerisches Sozialarchiv, Zürich.

Robert Grimm (1881–1958) ist führender Schweizer Sozialdemokrat. Er organisiert die Konferenzen von Zimmerwald und Kiental, wo er auf Lenin trifft. Das Verhältnis der beiden ist angespannt. 1920 lehnt die Sozialdemokratische Partei der Schweiz unter seinem Einfluss den Beitritt zur Kommunistischen Internationale ab.

33 ***Abschied am Hauptbahnhof Zürich.***
Möglicherweise bei Lenins Abfahrt 1917.
Universitätsbibliothek Basel, Handschriften und Alte Drucke, NL 340 Platten, Fritz N.

Am 9. April 1917 besteigt Lenin in Zürich den Zug nach Petrograd mit rund 33 Mitreisenden. Die Reise wird von Fritz Platten und der deutschen Regierung organisiert. Deutschland erhofft sich dadurch den Austritt Russlands aus dem Krieg.

34 Portrait ***Nadeschda Suslowa***, undatiert.
Schweizerisches Sozialarchiv, Zürich.

Da die russischen Universitäten keine Frauen zulassen, kommen die Russinnen zum Studium an die Universitäten Zürich, Bern und Genf. Als erste Frau in der Schweiz promoviert Nadeschda Suslowa 1867 an der Universität Zürich als Ärztin. Um 1900 studieren rund 2 000 Russinnen in der Schweiz.

Russische Revolutionen

Von den russischen Revolutionen des Jahres 1917 zur grossen stalinistischen Wende der 1930er Jahre

Der Erste Weltkrieg spielt eine entscheidende Rolle als Auslöser der russischen Revolutionen von 1917. Politisch und wirtschaftlich war das russische Reich zu wenig stabil, um einem langen Krieg standhalten zu können, der die gesamte Gesellschaft mobilisierte. In seiner ersten Phase verstärkt der Krieg den Rückhalt des Zaren. Doch die andauernden Rückschläge der russischen Armee unter der direkten Befehlsgewalt von Nikolaus II. und das Unvermögen der Regierung, bei einer komplett stillstehenden Wirtschaft die Versorgung der Truppen und der Bevölkerung zu gewährleisten, führen ab 1916 zu massiven Streiks und Unrast der notleidenden Bevölkerung. Zwar sind auch die anderen Kriegsparteien von sozialen Unruhen und von Meutereien an der Front betroffen, doch gelingt es in den meisten Ländern, diese Ausschreitungen einzudämmen und die Ordnung wenigstens vorübergehend wiederherzustellen. Nicht aber in Russland. Nach nur gerade fünf Tagen, vom 23. bis 27. Februar 1917, in denen es in Petrograd zu Hungerdemonstrationen und daraufhin zu einer spontanen Meuterei der Soldaten kommt, bricht die in ihrem Ansehen stark angeschlagene autokratische Herrschaft beinahe von selbst zusammen.

Das neue, aus der Februarrevolution hervorgegangene Regime bleibt trotz der Abdankung des Zaren unbeständig. Wie schon im Jahr 1905 kommt es zur spontanen Bildung von «Sowjets», basisdemokratischen Räten aus Arbeitern, Bauern, Soldaten und Matrosen. Der Petrograder Sowjet hat den Anspruch, die verschiedenen Lokalsowjets und Fabrikarbeiterkomitees zu vereinigen, und fasst die Delegierten der verschiedenen Parteien zusammen: Die Sozialrevolutionäre (SR) als Nachfolger der Narodnaja Wolja (Volkswille), die russische Sozialdemokratie – seit 1903 gespalten in Menschewiki und Bolschewiki – sowie die Anarchisten und Syndikalisten. Die Übergangsregierung setzt sich aus den liberalen Mitgliedern der bisherigen Duma, Mitgliedern der Konstitutionell-Demokratischen Partei (KD), zusammen, die wiederum der Aufsicht des Petrograder Sowjets unterstellt ist. Die Bolschewiki, die der neuen Regierung ihre Unterstützung versagen, sind damals noch in einer klaren Minderheit.

Nach seiner Rückkehr aus dem Schweizer Exil verkündet Lenin in den Aprilthesen sein Parteiprogramm: «Sofortiger Frieden», «unnachgiebige Opposition gegen die Regierung» und «Alle Macht den Sowjets». Für die Bolschewiki ist die «bürgerliche» Februarrevolution mit ihrer Forderung nach Gleichheit und politischen Rechten nur eine erste Etappe hin zur sozialistischen Revolution. Die verschiedenen provisorischen Regierungen, die bis Herbst 1917 aufeinanderfolgen – von den Liberalen unter Fürst Lwow bis zu den Sozialisten von Alexander Kerenski – und die weder über die nötige Autorität gegenüber dem Staatsapparat noch über eine demokratische Legitimation verfügen, vermögen keines der vom Zarenreich geerbten Probleme zu lösen. Die dringend nötigen Sozial- und Agrarreformen wie auch eine verfassungsgebende Versammlung werden auf eine Zeit nach dem erhofften Sieg im Ersten Weltkrieg vertagt. Die Regierung ist weiterhin nicht in der Lage, dem Volk die für die Fortsetzung des Krieges notwendigen Anstrengungen abzuverlangen. Nach der desaströsen Junioffensive gegen die Mittelmächte verlässt eine grosse Zahl an Soldaten die Front, um sich an der einsetzenden Landverteilung zu beteiligen.

Nun beschleunigt sich der Radikalisierungsprozess der Massen in ganz Russland. Die Repressionen nach den niedergeschlagenen Julidemonstrationen zwingen die Bolschewiki vorübergehend in den Untergrund. Doch Ende August, während des Putschversuchs des Generalkommandanten der Armee, Kornilow, sieht sich Kerenski gezwungen, die bolschewistischen Milizen zu Hilfe zu rufen, um die Hauptstadt zu verteidigen. Im September gehen die Bolschewiki, die mittlerweile eine Viertelmillion Mitglieder zählen, in einer Mehrheit der Lokalsowjets und Fabrikkomitees als Wahlsieger hervor. Im Oktober erlangen sie mit ihrem Bündnispartner, den Linken Sozialrevolutionären, bei den Duma-Wahlen die Mehrheit im II. Allrussischen Sowjetkongress. Die Zeit der Doppelherrschaft neigt sich dem Ende zu, es kommt zu einem Machtvakuum. Für Lenin, der abgesehen von Sinowjew und Kamenew die Unterstützung des gesamten Zentralkomitees der Partei hat, ist die Zeit reif, um den bewaffneten Aufstand vorzubereiten.

In der Nacht vom 24. auf den 25. Oktober übernimmt das Militärische Revolutionskomitee von Petrograd unter Trotzkis Führung die Kontrolle über strategisch wichtige Punkte der Hauptstadt, danach gelangt auch der Winterpalast als Zufluchtsort der Minister in die Gewalt der Aufständischen. Die Oktoberrevolution ist jedoch mehr als ein Militärputsch der Bolschewiki. Der Oktoberaufstand entspricht – so Marc Ferro – einer «umfassenden, vielgestaltigen und autonomen sozialen Revolution»: Eine Soldatenrevolte gegen die militärische Ordnung, ein Bauernaufstand zum Zwecke der Landverteilung, eine proletarische Protestbewegung mit der Besetzung von Fabriken und schliesslich eine Unabhängigkeitsbewegung verschiedener Nationalitäten und Völker des ehemaligen Zarenreiches. Die ersten Massnahmen, welche der Rat der Volkskommissare (Sownarkom) als neue Regierung trifft, kommen diesen Bewegungen entgegen und finden deren Unterstützung: das Dekret über den Frieden, die Abschaffung des Grossgrundbesitzes, die Arbeiterkontrolle in allen Betrieben und das Recht auf Selbstbestimmung der Völker Russlands. Doch diese Interessengemeinschaft von verschiedenen sozialen Bewegungen mit der Macht der Bolschewiki ist brüchig und von kurzer Dauer.

Der Friedensvertrag von Brest-Litowsk vom März 1918 lässt den Bolschewiki nicht die Schonfrist, die sie sich zur Festigung ihrer Vormachtstellung erhofften. Es kommt zum Bürgerkrieg zwischen den Gegnern des Oktoberumsturzes – der heterogenen Weissen Armee, aber auch der Grünen Armee von Nestor Machno – und den Anhängern der bolschewistischen Machthaber. Die Ausübung der Macht durch die sich ab 1918 Kommunisten nennenden Bolschewisten manifestiert sich durch die Gründung einer politischen Polizei (Tscheka), die Auflösung der verfassungsgebenden Versammlung sowie die Abschaffung der Pressefreiheit. Zudem werden alle bisherigen politischen Parteien verboten; schliesslich folgt am 16. und 17. Juli 1918 die Exekution der Zarenfamilie in Jekaterinburg. Sogleich werden auch harsche Massnahmen wie die Militarisierung der Arbeit zur Wiederankurbelung der Wirtschaft angeordnet. Doch Widerstand regt sich: Zu den Protesten der Bauern gegen die Einberufung zum Militärdienst und die Beschlagnahmungen der Versorgungskommandos gesellen sich Attentate der Sozialrevolutionäre – man denke an den Anschlag auf Lenin, den Fanny Kaplan verübt haben soll.

Die militärische Unterstützung Deutschlands an diverse Regierungen im Kampf gegen die Bolschewiki und die Landung amerikanischer, britischer, französischer sowie japanischer Truppen, verwandeln den russischen Bürgerkrieg in einen internationalen Kreuzzug gegen den Kommunismus. Im Herbst 1918 ist die junge Russische Sozialistische Föderative Sowjetrepublik (RSFSR), deren Gebiet nur gerade noch das ehemalige Moskovien umfasst, militärisch umzingelt und durch einen «Cordon sanitaire» isoliert, der ihr wirtschaftlich die Luft nehmen soll. Der Bürgerkrieg beschleunigt somit die Verstaatlichung der Wirtschaft, die Militarisierung der Gesellschaft und die Institutionalisierung des Roten Terrors im Zeichen des Kriegskommunismus.

Die revolutionäre Welle, die vom Herbst 1918 bis zum Sommer 1919 Deutschland, Österreich und dann Ungarn, die Slowakei und Italien erreicht, weckt bei den Bolschewiki erneut die Hoffnung auf eine Weltrevolution, versinnbildlicht in der Gründung der Kommunistischen Internationalen. An ihrem dritten Kongress im Jahr 1921 muss sich die Komintern jedoch zur Erkenntnis durchringen, dass die europäische Revolution auf sich warten lässt. Gleichzeitig gewinnen die Kommunisten den Bürgerkrieg in Russland und Weissrussland und – trotz der polnischen Offensive von 1920 – auch in der Ukraine und im Kaukasus, der von der Roten Armee annektiert wird. Ende 1922 bilden diese vier Gebiete die Union der Sozialistischen Sowjetrepubliken (UdSSR) mit der kommunistischen Staatspartei als Führungsorgan. Doch das Land ist am Ende seiner Kräfte, die Bevölkerung leidet Hunger – mehr als fünf Millionen Opfer, Epidemien mit eingerechnet –, und die Gesellschaft ist von den Gräueltaten ermattet, die sie von unten wie von oben erlitten hat.

Unter dem Druck der Bauernaufstände – wie beispielsweise in der Provinz Tambow – stoppt Lenin die Beschlagnahmungen und gewährt den Keim einer Marktwirtschaft, die Neue Ökonomische Politik (NEP). Es folgen Appelle an die internationale Gemeinschaft zur Nothilfe für die hungernde Bevölkerung. Die Kommunistische Partei ist herausgefordert und in Frage gestellt. Sie unterdrückt die Arbeiterproteste und die Kronstädter Matrosenmeuterei, mit denen der Machtmissbrauch der Kommunisten angeprangert und die Ideale von 1917 hochgehalten werden, brutal. Das Land der Sowjets ist nur noch ein leeres Versprechen und ein Deckmantel für die Diktatur einer Partei, die mit ihrem auf dem 10. Sowjetkongress vom März 1921 erlassenen Fraktionsverbot auf dem direkten Weg ist, zum Monolithen zu werden.

Im Jahr 1923 kritisiert Trotzki die Bürokratisierung der Partei, während Lenin in seinem «Testament» die Absetzung Stalins als Generalsekretär der Partei empfiehlt. Das Scheitern der deutschen Revolution vom Oktober 1923 schwächt jedoch die Internationalisten und stärkt die Verfechter der Doktrin «Sozialismus in einem Land». Lenins Tod und allem voran der daraufhin initiierte Leninkult markieren die symbolische Inthronisierung Stalins.

Nach der schrittweisen Beseitigung der linken (Trotzki, Sinowjew und Kamenew) und der rechten Opposition (Bucharin und Rykow) kehrt sich Stalin von der NEP ab und läutet die «Grosse Wende» der Industrialisierung und der Zwangskollektivierung der Landwirtschaft ein. Die «Entkulakisierung» trifft etwa fünf Millionen Menschen; 1933 sind 84 Prozent der landwirtschaftlichen Nutzfläche in kollektivwirtschaftlichem Besitz. Zur gleichen Zeit legt der erste Fünfjahresplan mit dem Bau von gigantischen Industrieanlagen wie etwa dem Staudamm und Elektrizitätswerk am Dnjepr den Grundstein für die sowjetische industrielle Stärke. Der Anspruch, das rückständige Agrarland innerhalb weniger Jahre in die industrielle Moderne zu katapultieren, macht dem von der Grossen Depression gebeutelten Westen zwar Eindruck, doch die gewaltsam erzwungenen Erfolge bedeuten gleichzeitig auch eine menschliche Tragödie.

Die Kollektivierung mit ihrer teils willentlich herbeigeführten Hungersnot erweist sich als regelrechter Krieg gegen das Bauerntum: Sie verursacht mehr als zwei Millionen Deportierte, sechs Millionen Hungertote und Hundertausende von Toten als Folge der Deportationen. Die Repressionen machen auch vor weiteren gesellschaftlichen Gruppen nicht Halt, die allesamt im Rahmen der Jagd auf angebliche «Saboteure» unter die Räder kommen: «Bürgerliche Spezialisten» wie parteilose Ingenieure, Techniker und Funktionäre, Geistliche, Angehörige der freien Berufe, Beamte, Arbeiter und Parteifunktionäre. Ende 1934 zählt das Netz der sowjetischen Konzentrationslager rund eine Million Häftlinge. Die Zwangsarbeit etabliert sich damit zu einem grundlegenden Pfeiler des stalinistischen Gulags.

35 ***Während der Februarrevolution***, 1917.
Keystone / Imagno.

In Folge des Ersten Weltkriegs verschlechtert sich die Lebensmittelversorgung drastisch. Im Januar 1917 kommt es zu Massendemonstrationen, Streiks und Hungermärschen. Aus der Hungerrevolte der Wyborger Arbeiterfrauen in Petrograd am 23. Februar 1917 – dem heutigen 8. März – entwickelt sich die Revolution.

36 ***Provisorische Regierung, 15. 3. 1917***.
Im Bild: Fürst Georgi Lwow (2. v. l.), Alexander Kerenski (2. v. r).
ullstein bild – Archiv Gerstenberg.

Am 3. März 1917 geht die über 300-jährige Herrschaft der Zarenfamilie Romanow zu Ende. Es bildet sich die Provisorische Regierung aus Mitgliedern der Duma mit bürgerlich-liberaler Ausrichtung. Sie schafft es jedoch nicht, die dringenden Probleme der Bevölkerung und des Landes zu lösen.

37 ***Arbeiter- und Soldatenrat, Petrograd***, 1917.
Keystone / Rue des Archives / Tallandier.

Zeitgleich mit der Provisorischen Regierung bildet sich der Petrograder Arbeiter- und Soldatenrat (Sowjet). Er tritt als Sprachrohr der «revolutionären Massen» auf. Damit beginnt die Zeit der Doppelherrschaft, die zu einer weiteren Polarisierung der Gesellschaft beiträgt.

38 Plakat, ***Kriegsanleihe der Provisorischen Regierung***, 1917.
Deutsches Historisches Museum, Berlin / I. Desnica.

Russlands Bevölkerung leidet stark unter dem Krieg. Trotzdem ignoriert die Provisorische Regierung den Wunsch der Mehrheit der Bevölkerung nach einem Friedensschluss und führt die Kampfhandlungen fort. Kriegsanleihen sollen die Finanzierung des Kriegs sicherstellen.

39 Lenin, ***Aprilthesen***, 1917.
Staatliches Museum für Politische Geschichte Russlands, St. Petersburg.

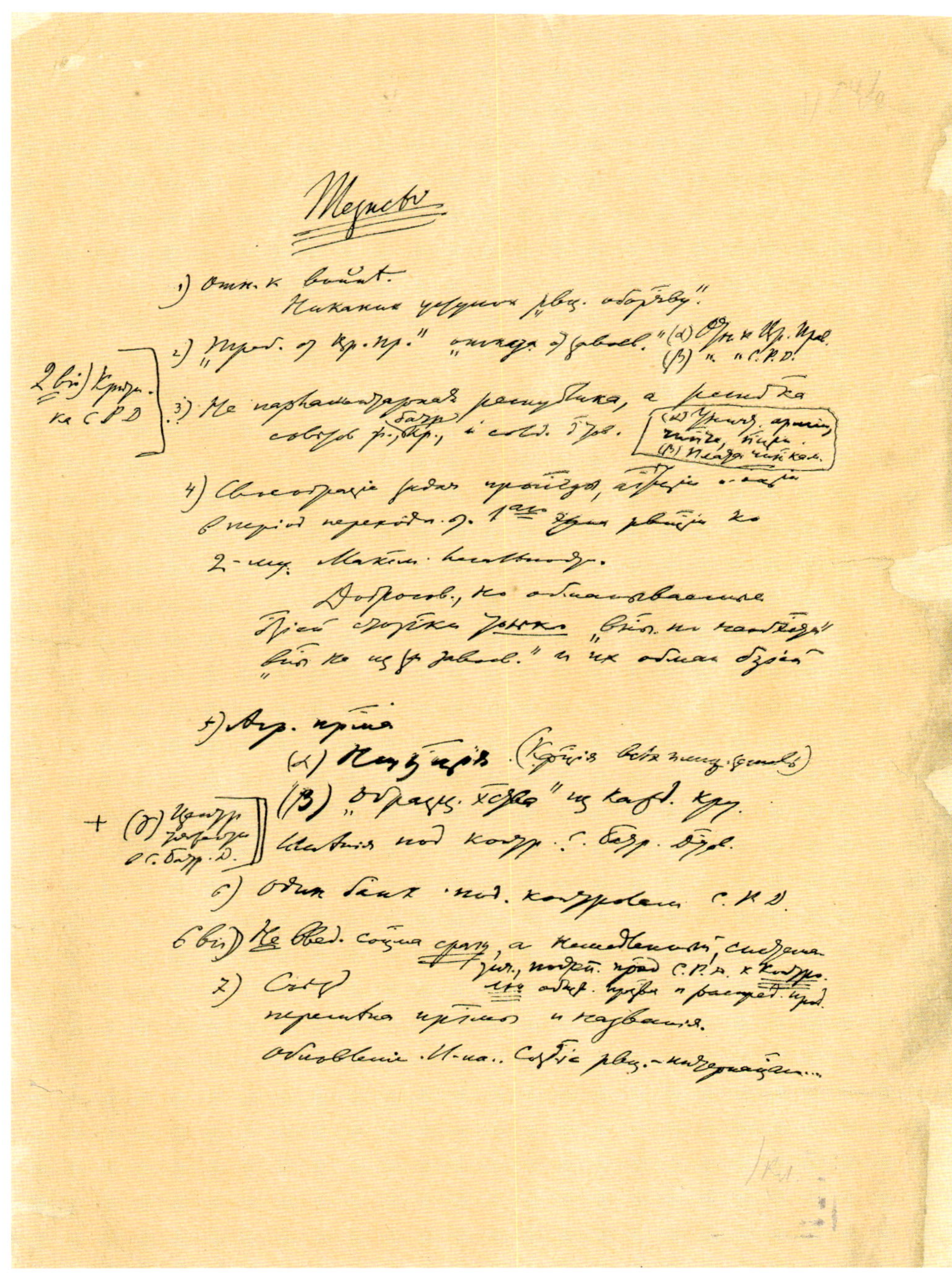

Lenin, der spätere Vorsitzende der bolschewistischen Regierung, verliest nach seiner Rückkehr aus dem Schweizer Exil im April 1917 die *Aprilthesen*.
Er fordert «Friede, Land und Brot, Alle Macht den Sowjets sowie Arbeiterkontrolle».
Insbesondere mit dem Friedensschluss greift er eine populäre Forderung auf.

40 ***Winterpalast vor der Einnahme***, 24. – 25. Oktober 1917.

Am frühen Morgen des 25. Oktober 1917 besetzen die Bolschewiki das Elektrizitätswerk, Telegrafenämter, Bahnhöfe, Strassen und Brücken in Petrograd. Sie stürmen den Winterpalast, den Sitz der Provisorischen Regierung, und nehmen die Regierungsmitglieder fest. Mit diesem Staatsstreich übernehmen die Bolschewiki die Macht.

41 Flugblatt, ***Dekret über den Frieden***, Petrograd, Oktober 1917.
Deutsches Historisches Museum, Berlin.

ДЕКРЕТЪ О МИРѢ,

ПРИНЯТЫЙ ЕДИНОГЛАСНО НА ЗАСѢДАНІИ ВСЕРОССІЙСКАГО СЪѢЗДА СОВѢТОВЪ РАБОЧИХЪ, СОЛДАТСКИХЪ И КРЕСТЬЯНСКИХЪ ДЕПУТАТОВЪ 26 ОКТЯБРЯ 1917 Г.

Рабочее и крестьянское Правительство, созданное революціей 24—25 октября и опирающееся на Совѣты Рабочихъ, Солдатскихъ и Крестьянскихъ Депутатовъ, предлагаетъ всѣмъ воюющимъ народамъ и ихъ правительствамъ начать немедленно переговоры о справедливомъ демократическомъ мирѣ.

Справедливымъ или демократическимъ миромъ, котораго жаждетъ подавляющее большинство истощенныхъ, измученныхъ и истерзанныхъ войной рабочихъ и трудящихся классовъ всѣхъ воюющихъ странъ,—миромъ, котораго самымъ опредѣленнымъ и настойчивымъ образомъ требовали русскіе рабочіе и крестьяне послѣ сверженія царской монархіи,—такимъ миромъ Правительство считаетъ немедленный миръ безъ аннексій (т. е. безъ захвата чужихъ земель, безъ насильственнаго присоединенія чужихъ народностей) и безъ контрибуцій.

Такой миръ предлагаетъ Правительство Россіи заключить всѣмъ воюющимъ народамъ немедленно, выражая готовность сдѣлать безъ малѣйшей оттяжки тотчасъ же всѣ рѣшительные шаги впредь до окончательнаго утвержденія всѣхъ условій такого мира полномочными собраніями народныхъ представителей всѣхъ странъ и всѣхъ націй.

Подъ аннексіей или захватомъ чужихъ земель Правительство понимаетъ, сообразно правовому сознанію демократіи вообще и трудящихся классовъ въ особенности, всякое присоединеніе къ большому или сильному государству малой или слабой народности безъ точно, ясно и добровольно выраженнаго согласія и желанія этой народности, независимо отъ того, когда это насильственное присоединеніе совершено, независимо также отъ того, насколько развитой или отсталой является насильственно присоединяемая или насильственно удерживаемая въ границахъ даннаго государства нація. Независимо, наконецъ, отъ того, въ Европѣ или въ далекихъ заокеанскихъ странахъ эта нація живетъ.

Если какая бы то ни была нація удерживается въ границахъ даннаго государства насиліемъ, если ей, вопреки выраженному съ ея стороны желанію—все равно, выражено ли это желаніе въ печати, въ народныхъ собраніяхъ, въ рѣшеніяхъ партій или возмущеніяхъ и возстаніяхъ противъ національнаго гнета—не предоставляется права свободнымъ голосованіемъ, при полномъ выводѣ войска присоединяющей или вообще болѣе сильной націи, рѣшить безъ малѣйшаго принужденія вопросъ о формахъ государственнаго существованія этой націи, то присоединеніе ея является аннексіей, т. е. захватомъ и насиліемъ.

Продолжать эту войну изъ-за того, какъ раздѣлить между сильными и богатыми націями захваченныя ими слабыя народности, Правительство считаетъ величайшимъ преступленіемъ противъ человѣчества и торжественно заявляетъ свою рѣшимость немедленно подписать условія мира, прекращающаго эту войну на указанныхъ, равно справедливыхъ для всѣхъ безъ изъятія народностей, условіяхъ.

Вмѣстѣ съ тѣмъ Правительство заявляетъ, что оно отнюдь не считаетъ вышеуказанныхъ условій мира ультимативными, т. е. соглашается разсмотрѣть и всякія другія условія мира, настаивая лишь на возможно болѣе

Noch am 26. Oktober 1917 verabschiedet der Sowjetkongress die Dekrete über den Frieden, über Grund und Boden und später das Dekret über die Arbeiterkontrolle. Damit sind die wichtigsten Forderungen der Bevölkerung – Frieden, Land, Brot und Arbeiterkontrolle – zumindest auf dem Papier erfüllt.

42 Isaak Brodski, ***Grosser Oktober. Lenin vor dem Smolny***, um 1925.
Öl auf Leinwand, 121 × 64 cm.
Staatliches Museum für Politische Geschichte Russlands, St. Petersburg.

Isaak Brodski (1883–1939) war zu seiner Zeit ein populärer sowjetischer Maler und Wegbereiter des Stils des Sozialistischen Realismus. Als erster Künstler wird ihm der Leninorden verliehen. Er malt Lenin vor dem Smolny Institut, dem ersten Sitz der bolschewistischen Regierung.

„Великий Октябрь"

43 Plakat, ***Einberufung in die Armee***, 1920.
Das Staatliche Historische Museum, Moskau, Russische Föderation.

Der auf die Revolution folgende Bürgerkrieg ist eine Zerreissprobe für die junge Sowjetmacht. Die Rote Armee der Bolschewiki kämpft gegen die Weisse Armee, die von den Westmächten unterstützt wird. Die Rote Armee gewinnt diesen brutalen Krieg. Beide Seiten üben Terror auf die Bevölkerung aus.

44 Plakat, ***Haltet diesen Strom der Hungernden durch eure brüderliche Hilfe auf***, 1921.
Deutsches Historisches Museum, Berlin / S. Ahlers.

Die Wirtschaftspolitik des Kriegskommunismus zur Zeit des Bürgerkriegs zwingt die Bauern, Ernteüberschüsse zu Festpreisen abzuliefern. Die Abgabequoten sind so hoch, dass nicht genug zur eigenen Versorgung und als Saatgut bleibt. 1921/22 bricht eine verheerende Hungersnot aus, der Millionen Menschen zum Opfer fallen.

45 Plakat, ***UralROSTA***, 1919.
Russische Staatsbibliothek, Moskau.

Der Prototyp des «Neuen Menschen» ist der durch Erziehung und Klassenbewusstsein geformte Proletarier, der selbst Naturgesetzen trotzen kann. Die Revolution soll nicht auf Russland beschränkt bleiben, sondern als Weltrevolution das ganze Universum in ihren Bann ziehen. Das Plakat verheisst: «Bald wird die ganze Welt uns gehören.»

46 Plakat, Alexander Rodtschenko, ***Knigi*** (Bücher), 1925.
Russische Staatsbibliothek, Moskau. © A. Rodchenko & V. Stepanova Archive.

Namhafte Künstler wie El Lissitzky und Alexander Rodtschenko arbeiten für die Propaganda der Sowjetmacht. Das mit modernen Montagetechniken gestaltete Plakat preist das Buchsortiment des Leningrader Verlags *Lengis* an. Zu sehen ist Lilja Brik, die Frau des Schrifstellers Ossip Brik.

47 ***Kinderbetreuung in Magnitogorsk***, Metallkombinat, 1930.

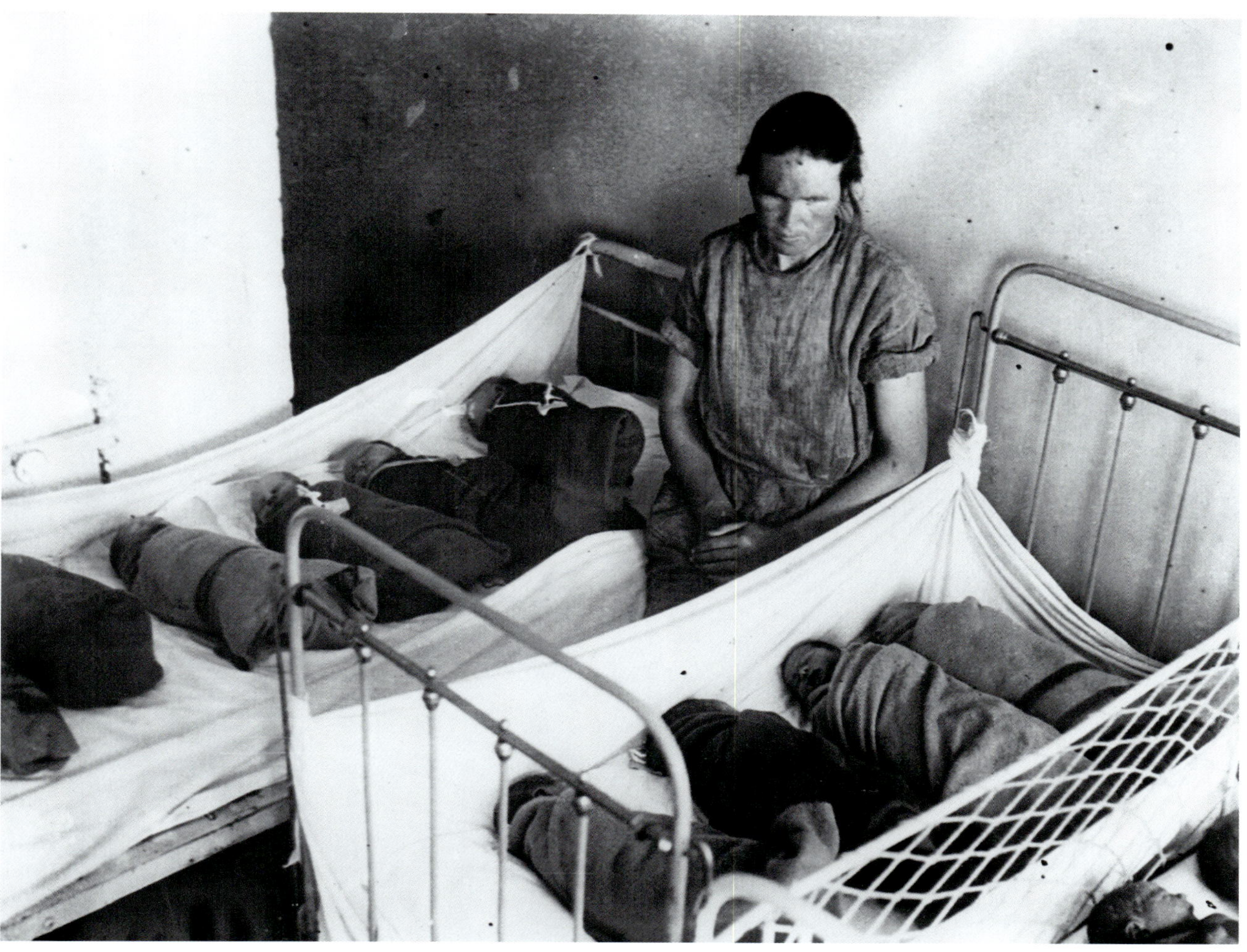

In der Sowjetunion sollen Frau und Mann gleichgestellt sein. Doch in der Realität trifft die Doppelbelastung von Arbeit und Familie die Frauen – trotz öffentlicher Kinderkrippen, Wäschereien und Essenskantinen. In den 1930er Jahren fordert Stalin wieder die Rückkehr zur patriarchalen Familie.

48 Isaak Brodski, ***Josef Stalin***, 1926. Öl auf Leinwand, 114 × 86 cm.
Staatliches Museum für Politische Geschichte Russlands, St. Petersburg.

Stalin (Josef Wissarionowitsch Dschugaschwili, 1878–1953) ist ab 1922 Generalsekretär der Partei. Isaak Brodski stellt ihn als bescheidenen Parteiarbeiter dar. Unter Stalin werden Millionen von Menschen verhaftet, gefoltert oder erschossen – darunter auch ehemalige Weggefährten Stalins aus Politik und Militär.

49 Alexander Rodtschenko, ***Der Kanal***, 1932.
Photograpies issues des collections du musée Nicéphore-Niépce,
Ville de Chalon-sur-Saône (F). © A. Rodchenko & V. Stepanova Archive.

Der Bau eines Kanals vom Weissen Meer zur Ostsee ist eines der Prestigeprojekte Stalins. In kürzester Zeit und unter widrigsten Bedingungen bauen Häftlinge und Zwangsarbeiter den Kanal – über 25 000 Menschen sterben. Rodtschenkos Fotografien dienen der Propaganda für dieses sozialistische Grossprojekt.

50 Alexander Deineka, ***Das Rennen***, 1930.
Öl auf Leinwand, 150 × 120 cm.

Sport ist ein beliebtes Sujet in der Kunst des Sozialistischen Realismus. Die athletischen jungen Menschen zeigen den Körperkult in der Sowjetunion. Nicht die sportliche Konkurrenz unter den Sportlern steht im Vordergrund, sondern das an Paraden gefeierte Kollektiv des Sozialismus.

51 Alexander Deineka, ***Die Verteidigung von Petrograd***, Replika des Künstlers von 1964.
Öl auf Leinwand, 211,5 × 249 cm.
Die Staatliche Tretjakow Galerie, Moskau.

Der Künstler Alexander Deineka (1899 – 1969) ist einer der Hauptvertreter des Sozialistischen Realismus. 1928 malt er *Die Verteidigung von Petrograd*. 1919 wird Petrograd im Bürgerkrieg beinahe von der Weissen Armee eingenommen. Das Werk Deinekas gilt als von Ferdinand Hodler (1853 – 1918) beeinflusst.

52 Teller, ***Rote Armee***, 1922. Porzellan.
Tsarenkov Collection, London.

Namhafte Künstler entwerfen nach der Revolution Vorlagen für die traditionsreiche Porzellanherstellung. Die Einheit von Arbeitern und Bauern wird zunächst mit Hammer und Pflug und später mit Hammer und Sichel symbolisiert. Der rote Stern steht für den Weg in die klassenlose Gesellschaft.

53 Le Corbusier, ***Modell des Sowjetpalastes***, 1930.
Fondation Le Corbusier, Paris.

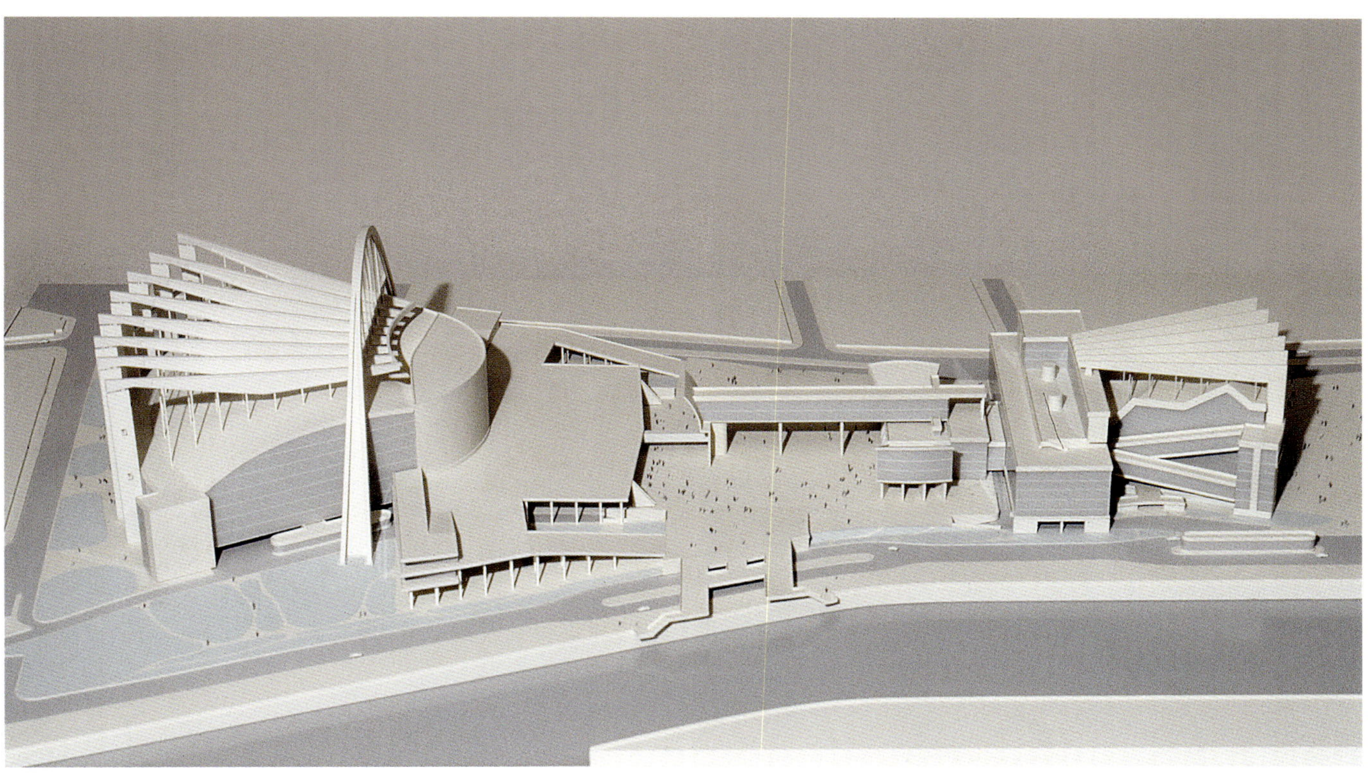

Am Wettbewerb für den Bau des Palasts der Sowjets in Moskau nimmt 1931 auch der Schweizer Architekt Le Corbusier teil. In einem Brief von 1932 an Stalin protestieren er und der Congrès internationale d'architecture moderne (CIAM) gegen das Siegerprojekt und sprechen von einer Beleidigung des Geists der Russischen Revolution.

54 Boris Iofan, ***Entwurf für den Sowjetpalast***, 1933–1934. Kohle auf Papier, 86 × 203 cm. Tchoban Foundation, Berlin.

Stalin lässt 1930 einen internationalen Wettbewerb für einen Palast der Sowjets ausschreiben, an dem 160 Architekten teilnehmen. Die Jury, darunter Stalin, wählt den Entwurf von Boris Iofan, Wladimir Schtschuko und Wladimir Helfreich aus. Mit 450 Metern soll es das höchste Gebäude der Welt werden, fertiggestellt wird aber nur das Fundament.

55 Alexander Rodtschenko, ***Portrait Wladimir Majakowski***, 1925.
Photograpies issues des collections du musée Nicéphore-Niépce,
Ville de Chalon-sur-Saône (F).

Wladimir Majakowski (1893–1930), Schriftsteller und Maler, stellt sein literarisches und gestalterisches Schaffen nach der Oktoberrevolution in den Dienst der politischen Agitation. Er arbeitet im Volkskommissariat für Bildungswesen und entwirft Plakate für die russische Nachrichtenagentur *ROSTA*. 1930 begeht er Selbstmord.

56 Kuzma Nikolajew, ***Verlegen der Eisenbahnschienen in Magnitogorsk***, 1930. Öl auf Leinwand, 139,5 × 380 cm. State Museum and Exhibition Centre ROSIZO, Moskau.

Im Zuge des ersten Fünfjahresplanes werden das Stahlwerk und die Planstadt Magnitogorsk gebaut. Das Gemälde von Kuzma Nikolajew zeigt den Bau der Eisenbahnlinie. Die unwirtliche Steppenlandschaft im Süd-Ural muss erst mit der Eisenbahn erschlossen werden.

57 Arkadi Schaichet, ***Komsomol-Mitglied***, 1931.

1917 wird die Jugendorganisation der Bolschewistischen Partei, Komsomol, gegründet. In den frühen 1920er Jahren nimmt die Jugendorganisation am russischen Bürgerkrieg und später an den Industrialisierungs- und Kollektivierungskampagnen teil. Aus ihr rekrutieren sich künftige Parteieliten.

Die Schweiz nach 1917

Die Schweiz nach der Russischen Revolution

Ausweisung der Sowjetmission förderte indessen kein belastendes Material zu Tage. Trotzdem hielt sich die Theorie, der Generalstreik sei von den Sowjets initiiert worden, in bürgerlicher Presse und Historiografie für fast vier Jahrzehnte. Die Öffnung russischer Archive entzog ihr dann in den 1990er Jahren definitiv den Boden.

Antikommunismus als politische Maxime

«Ich bin eben lange unterbrochen worden durch Russen, die mir binnen wenigen Tagen alle Fäden der Bolschewiki-Organisationen in unserm Lande liefern wollen. – Herrlich wäre es, wenn ich im Stande wäre, mit positiven Tatsachen den Bundesrat zwingen zu können, einzuschreiten.» Diese Briefpassage von General Ulrich Wille an seine Frau vom 7. November 1918 zeigt, dass der Bolschewismus ein Jahr nach der Oktoberrevolution bei den helvetischen Eliten nicht nur ein abstraktes Feindbild geworden war, sondern auch als innenpolitische Bedrohung erschien. Das Lobbying antibolschewistischer Exilrussen trug dazu bei. Wille konnte die «positiven Tatsachen» nicht liefern, bereits einen Tag zuvor hatte der Bundesrat aber – auch auf Druck der Siegermächte des Weltkriegs – die Ausweisung der Sowjetmission unter Jan Berzin beschlossen. Diese hatte sich im Frühjahr in Bern als offiziöse Vertretung der Sowjetregierung etabliert und galt in bürgerlichen Kreisen als Revolutionszentrale.

Der Ausweisungsbeschluss wurde am 12. November vollzogen. Es war dies just der erste Tag des Landesstreiks, der grössten innenpolitischen Krise seit 1848. Dem dreitägigen Ausstand, der zeitgleich mit dem Kriegsende und dem Zusammenbruch der Monarchien in Deutschland und Österreich stattfand, lag eine Reihe sozialer und politischer Konfliktlinien zu Grunde, die lange vor 1914 bestanden und sich während des Kriegs verschärft hatten. Unmittelbarer Auslöser war aber die – ebenfalls am 6. November vom Bundesrat angeordnete – militärische Besetzung Zürichs und die gewaltsame Auflösung einer von 7 000 Personen besuchten Feier zum Jahrestag der russischen Revolution am 10. November. Eine grossangelegte Untersuchung der Bundesanwaltschaft nach der Ausweisung der Sowjetmission förderte indessen kein belastendes Material zu Tage.

Die Fehlinterpretation des Landesstreiks als bolschewistischer Umsturzversuch machte aus dem Antikommunismus nicht nur eine aussenpolitische Maxime, sondern auch eine innenpolitische Waffe gegen links. So wurden in der Zwischenkriegszeit Arbeitskämpfe gern als von Moskau ferngesteuerte Aktionen diskreditiert. Die in der Zeit des Landesstreiks entstandenen Bürgerwehren schlossen sich 1919 zum Schweizerischen Vaterländischen Verband (SVV) zusammen. Dieser konzentrierte sich in der Folge auf Streikabwehr, Koordination bürgerlicher Wahl- und Abstimmungskämpfe sowie, in Zusammenarbeit mit Bundesbehörden, die Bespitzelung linker Organisationen und unterschied dabei kaum zwischen Kommunisten und Sozialdemokraten. Der Westschweizer SVV-Sekretär Théodore Aubert gründete 1924 die Entente Internationale Anticommuniste, die auch mit Organisationen aus dem rechtsradikalen Spektrum zusammenarbeitete. Aubert selber sollte dann von 1935 bis 1939 die faschistische Union Nationale im Nationalrat vertreten.

Häufig mischten sich in den Antibolschewismus antisemitische Töne. Bereits ein geheimer Lagebericht der Nachrichtensektion des Generalstabs vom Oktober 1919 sprach über die angeblich wachsende Bedeutung der «Judenfrage» und betonte, der Delegierte des sowjetischen Roten Kreuzes in der Schweiz habe «einen Anhang von Juden» um sich, «die als notorische Bolschewisten bekannt sind und mit denen mehr oder weniger anständige Russen nichts mehr zu tun haben wollen». 1938 stellte dann der von der «Aktion gegen den Kommunismus» verantwortete Propagandastreifen *Die Rote Pest*, die teuerste Schweizer Filmproduktion der Zwischenkriegszeit, den Landesstreik zusammen mit sozialen Unruhen in aller Welt als Teil einer globalen jüdisch-bolschewistischen Verschwörung dar.

Auch die helvetische Aussenpolitik folgte einem strikt antikommunistischen Kurs. Zwar kamen sowohl von links als auch aus Wirtschaftskreisen immer wieder Forderungen nach einer Wiederaufnahme diplomatischer und offizieller Handelsbeziehungen. Das schweizerisch-sowjetische Verhältnis verschlechterte sich aber noch weiter, als 1923 der repatriierte Russlandschweizer und ehemalige Weissgardist Moritz Conradi bei einer internationalen Konferenz in Lausanne den sowjetischen Diplomaten Wazlaw Worowski erschoss. Der Bundesrat verzichtete darauf, der sowjetischen Regierung zu kondolieren, und das Lausanner Geschworenengericht sprach Conradi, dessen Komplize von Théodore Aubert verteidigt wurde, frei. Die Sowjetunion reagierte mit einem Handelsboykott gegen die Schweiz und der Ankündigung, künftig keine Gesandten mehr an Konferenzen auf Schweizer Boden zu schicken. Erst 1927 hoben die beiden Staaten die gegenseitigen Blockademassnahmen wieder auf. 1934 stimmte die Schweiz als einer von nur drei Staaten gegen die Aufnahme der Sowjetunion in den Völkerbund, und erst 1946 wurden diplomatische Beziehungen aufgenommen.

Spaltung der Arbeiterbewegung

Entgegen den rechten Verschwörungstheorien führte die russische Revolution weltweit und in der Schweiz auch nicht zu einer linken Revolutionsfront, sondern zu einer Spaltung der Arbeiterbewegung. Die 1919 in Moskau gegründete Dritte Internationale (Komintern) forderte von den Arbeiterparteien eine vollständige Unterwerfung unter ihre Richtlinien. Als die Sozialdemokratische Partei der Schweiz dies ablehnte, spaltete sich ihr linker Flügel ab und vereinigte sich im Frühling 1921 mit linksradikalen Kräften zur Kommunistischen Partei der Schweiz (KPS). Die überwiegende Mehrzahl der linken Wähler verblieb aber bei der SP: Während diese bis Ende der 1920er Jahre zur stärksten Partei des Landes aufstieg und 1931 einen Wähleranteil von 28,7 Prozent erreichte, konnte die KPS nie mehr als zwei Prozent der Wähler überzeugen. Auch die von den Kommunisten als Auftakt zum Zusammenbruch des Kapitalismus betrachtete Weltwirtschaftskrise ab 1929 änderte daran nichts.

Die SP integrierte sich in der Zwischenkriegszeit zunehmend in den bürgerlichen Staat und erlangte in den meisten bedeutenden Städten zeitweise Mehrheiten, die sie für eine sozialreformerische Gemeindepolitik nutzte. Die KPS verkam dagegen immer mehr zur Befehlsempfängerin Moskaus. Der zunehmende Verlust demokratischer Mitbestimmungsmöglichkeiten innerhalb der Partei führte einerseits zu Spaltungstendenzen. 1930 gründeten unzufriedene Kräfte die Kommunistische Partei-Opposition, die 1935 dann in der SP aufging. Zur selben Zeit bildeten auch Anhänger des von Stalin verfolgten Revolutionärs Leo Trotzki eigene Gruppierungen und wurden aus der KPS ausgestossen. Andererseits bewirkte die Stalinisierung eine Isolation der KPS selbst im Arbeitermilieu. Die zahlreichen Organisationen in ihrem Umfeld, die etwa Gewerkschafter, Frauen, Jugendliche, Intellektuelle, Arbeitslose oder Sportler an die KPS zu binden versuchten, bildeten eine eigene kleine, abgeschottete Lebenswelt. Diese Vereinigungen, zu denen seit Mitte der 20er Jahre auch ein Bund der Freunde der Sowjetunion zählte, waren ihrerseits in Kontakt mit entsprechenden internationalen kommunistischen Organisationen und sowjetischen Behörden.

Auch das Aufkommen des Faschismus überwand die Spaltung nicht. Vielmehr proklamierte die Komintern 1929 die «Sozialfaschismus»-These, gemäss der vorrangig die Sozialdemokratie als angebliche Stütze der Bourgeoisie zu bekämpfen war. Auch die KPS schwenkte auf diese Linie ein, die bis Mitte der 30er Jahre Gültigkeit hatte. An der Basis gab es allerdings gemeinsame antifaschistische Aktionen von Linken unterschiedlicher Schattierungen. Am bekanntesten sind die tragischen Ereignisse in Genf vom November 1932, als bei einer Demonstration von rund 8 000 Menschen gegen die rechtsextreme Union Nationale militärische Ordnungstruppen in die Menge feuerten, 13 Personen töteten – unter anderem den Präsidenten der kantonalen KP – und über 60 verwundeten.

Migration in beide Richtungen

Die Oktoberrevolution löste Migrationsbewegungen aus, die auch die Schweiz betrafen. Bis 1922 verliessen von den rund 8 000 Russlandschweizern etwa 6 000 das Land. Zwischen 1918 und 1920 brachten fünf Repatriierungszüge jeweils 200 bis 600 Heimkehrer in die alte Heimat. Viele waren durch die Enteignungsmassnahmen des neuen Regimes und die Verwüstungen des Bürgerkriegs mittellos geworden. Im Mai 1918 gründeten sie als Selbsthilfeorganisation die Vereinigung der Russlandschweizer, und im Oktober entstand die halbstaatliche Schweizerische Hilfs- und Kreditorengenossenschaft für Russland. Diese Russlandschweizer-Lobby trug dazu bei, die antikommunistische Grundstimmung in der Schweiz weiter zu verstärken. Die Lage der in Russland Verbliebenen verschlechterte sich insbesondere nach dem Abbruch der diplomatischen Beziehungen. Die konsularischen Angelegenheiten der Russlandschweizer wurden nun vom Roten Kreuz wahrgenommen, dessen Delegierter in Moskau einen grossen Teil seiner Arbeitskraft für deren Unterstützung aufwandte.

Es gab aber auch Verkehr in die Gegenrichtung. Immer wieder reisten Schweizer Kommunisten zu Visiten ins gelobte Land. Eine dreistellige Zahl von Schweizern wollte sich sogar definitiv in der Sowjetunion niederlassen und aktiv am Aufbau einer neuen Gesellschaftsordnung mitwirken. Obwohl zumeist Kommunisten, handelte es sich weniger um stramme Parteisoldaten – die KPS lehnte offiziell die Auswanderung in die Sowjetunion ab –, sondern eher um Idealisten, die einem utopischen Traum nachlebten. Daneben waren Arbeits- und politische Perspektivlosigkeit in der Schweiz weitere Auswanderungsmotive. In gewisser Weise standen die Emigranten in der Tradition jener Schweizer, die zur Mitte des 19. Jahrhunderts an mehreren Versuchen mitgewirkt hatten, in den USA frühsozialistische Mustersiedlungen aufzubauen.

Treibende Kraft hinter den Siedlungsprojekten in der Sowjetunion war Fritz Platten, der 1923 die Vereinigung der Auswanderer nach Sowjetrussland ins Leben rief. Die Schweizer Behörden, die damals Emigration als Mittel zur Bekämpfung der Arbeitslosigkeit förderten, unterstützten das erste Auswanderungskontingent finanziell: Bund, Kanton und Stadt Zürich sowie die Stadt Schaffhausen subventionierten das Unternehmen mit insgesamt 5 700 Franken. Die bürgerliche Presse begrüsste das Projekt ebenfalls, allerdings aus politischen Gründen. So schrieb die Neue Zürcher Zeitung zur Emigration Plattens: «Nachdem Russland der Schweiz schon viele gefährliche Agitatoren geschickt hat, wird man es nicht als unbillig empfinden, wenn es uns auch einmal einen solchen Umsturzapostel abnimmt» (NZZ, 30. 9. 1923).

1923 siedelten sich auf dem südrussischen Gut Nowa Lawa 68 Schweizer an. Weitere 39 kamen 1924 ins Gut Teplowka in der Nähe, zogen aber bereits 1925 nach Uwarowo weiter. 1927 gingen die noch verbliebenen 40 Schweizer nach Waskino, 75 Kilometer südlich von Moskau. Hier gelang es nach den aus personellen und klimatischen Gründen gescheiterten Projekten, ein wirtschaftlich erfolgreiches Mustergut aufzubauen, das 1930 dann kollektiviert wurde. Platten selbst lebte hauptsächlich in Moskau und besuchte die landwirtschaftlichen Genossenschaften nur sporadisch. Er geriet ab 1930 politisch ins Abseits, gelangte in den späten 30er Jahren in den Strudel der stalinistischen Säuberungen und wurde 1942 im Gulag erschossen.

58 ***Kiste mit Rubelnoten*** aus dem Schweizerischen Bundesarchiv, Bern, Secrusse-Archiv.
Foto: Schweizerisches Nationalmuseum, 2016.

Nach der Oktoberrevolution wird die Situation für die Russlandschweizer schwierig und sie kehren in die Schweiz zurück. Einen Teil ihres russischen Bargelds dürfen sie mitnehmen, erhalten aber keinen günstigen Wechselkurs.
Die Schweizerische Nationalbank lagert die Rubel auf unbestimmte Zeit ein.

59 ***Maschinengewehre auf dem Postplatz Grenchen***, 12. bis 14. November 1918.
Streikalbum, Kultur-Historisches Museum Grenchen.

Soziale und politische Konflikte führen bei Kriegsende im November 1918 zum Landesstreik, der schwersten politischen Krise der Schweiz. Am landesweiten Generalstreik beteiligen sich über 250 000 Menschen. Sie fordern unter anderem bessere Arbeitsbedingungen, das Frauenstimmrecht und Neuwahlen.

60 ***Schweizer Illustrierte Zeitung***, Nr. 46/47, 1918.
Zentralbibliothek Zürich, Signatur: XXN 2:f.

Am ersten Tag des Landesstreiks 1918 verweist die Eidgenossenschaft die sowjetische Gesandtschaft, angeführt von Jan Berzin, des Landes. Der Bundesrat vermutet fälschlicherweise eine Verstrickung der Sowjets in den Landesstreik. Die diplomatischen Beziehungen werden erst 1946 wieder aufgenommen.

Die Ausweisung der russischen Soviet-Gesandtschaft aus Bern.

Spezialaufnahmen für die „Schweizer Illustrierte Zeitung" von R. Vaucher.

Der Chef der russischen Soviet-Mission, Jean Berzine (×), wird durch Soldaten vor der aufgeregten Volksmenge geschützt.

Momentaufnahme vom Abtransport der russisch. Soviet-Gesandtschaft aus Bern.

Angelica Balbanoff (×), die vielgenannte russische Agitatorin, reisebereit in ihrem Wagen.

Die russische Sovietgesandtschaft in Bern, die vom Bundesrate ausgewiesen wurde, verläßt im Auto unter dem Schutze einer Dragonerschwadron Bern.

Schweizer. Militär bewacht einen Gepäckfourgon der russischen Soviet-Gesandtschaft.
Der Wagenpark der Gesandtschaft belief sich auf 15 Automobile.

Der russische Gesandte Zalkine, ehemals Sekretär für Auswärtiges und rechte Hand Trotzkis, im Momente da er Bern verläßt.

61 Wahlplakat, ***Freisinnige Partei,*** 1919.
Museum für Gestaltung Zürich. Plakatsammlung © ZHdK.

1919 finden in der Schweiz zum ersten Mal Wahlen nach Proporz statt.
Die Freisinnige Partei verliert die absolute Mehrheit, die Sozialdemokratische Partei verdoppelt ihre Sitzzahl. Auf den Wahlplakaten der Freisinnigen ist der Teufel Sinnbild für den Kommunismus.

62 Paul Wyss, ***Wahlplakat der Sozialdemokratischen Partei der Schweiz***, 1919.
Museum für Gestaltung Zürich. Plakatsammlung © ZHdK.

Das Wahlplakat der Sozialdemokratischen Partei für die Schweizerischen Nationalratswahlen von 1919 spielt auf den Basler Generalstreik von 1919 an. Polizei und Militär reagieren auf den Streik mit grosser Härte.

63 ***Wahlpropaganda der KPS vor dem Neumarkt***, Zürich, 1926.
Schweizerisches Sozialarchiv, Zürich.

Die 1919 in Moskau gegründete Dritte Kommunistische Internationale (Komintern) fordert von den Arbeiterparteien weltweit Unterwerfung und Gefolgschaft. Da die Sozialdemokratische Partei der Schweiz dies ablehnt, kommt es zu Parteiaustritten und 1921 zur Gründung der Kommunistischen Partei der Schweiz (KPS).

64 Kurt Spiess, ***Schweizer Kolonisten in Waskino***, im Bild: Fritz Platten (1. v. l.), 1928.
Schweizerisches Sozialarchiv, Zürich.

Über 100 Schweizer Kommunisten wandern nach der Oktoberrevolution in die Sowjetunion aus. Einige schliessen sich Fritz Plattens landwirtschaftlichen Genossenschaften an und wollen am Aufbau einer neuen Gesellschaft mitwirken. Viele werden Opfer der Stalinistischen Säuberungen, so auch Fritz Platten und seine Ehefrau Berta Zimmermann.

65 ***Die Nation***, Bern, Nr. 1, 1. September 1933.
Universitätsbibliothek Basel.

Aufgrund der Wirtschaftskrise und in Folge kommunistischer und faschistischer Strömungen entsteht im Umfeld des Schweizerischen Gewerkschaftsbundes die Richtlinienbewegung. Sie wendet sich gegen Links- und Rechtsextremismus und fordert den gemässigten Sozialstaat. Die 1933 gegründete Zeitung *Die Nation* wird zu ihrem Sprachrohr.

Zürich, 1. September 1933

Nr. 1. Erster Jahrgang

Die

Erscheint jeden Freitag

Redaktion: Bern, Wabernstrasse 24, Telephon 20.166

Administration und Inseratenannahme:
Zürich, Schulhausstr. 64, Tel. 57.640, Postcheck VIII 22838

Bezugspreis: 3 Monate Fr. 2.— 12 Monate Fr. 8.—

Einzelnummer Fr. —.20

Unabhängige Zeitung für Demokratie u. Volksgemeinschaft

Wir rufen alle freiheitlich Gesinnten auf über Parteien und Klassen hinweg zum gemeinsamen Werk

Die *wirtschaftliche, moralische und geistige Krise* der Welt zieht immer tiefere Furchen in unser Land. *Ausländische Einflüsse bedrängen die Schweiz gefährlicher als je.* Fremde Rezepte werden angepriesen, fremde Parolen ausgegeben, fremde Beispiele nachgeahmt. Unter dem Vorwand, die Demokratie erneuern zu wollen, erscheinen Führer, die sich selbst ernannt haben. Sie reden, doch sie gewähren keine Gegenrede. Sie predigen Volksgemeinschaft, doch sie säen Unfrieden. Sie trachten, sich über das souveräne Volk zu setzen. *Wenn sie ihr Ziel erreichten, dann wäre die Idee des Schweizerbundes* — Freiheit der Bürger, Gleichheit der Stände, Brüderlichkeit der Stämme — *zerstört. Damit wäre der Untergang der Eidgenossenschaft besiegelt.*

In schwerer Sorge vor solcher Entwicklung,

in der Ueberzeugung, dass die *Zukunft der Schweiz* nicht durch Unterdrückung und Gewalt, sondern nur durch *gerechten Ausgleich gesichert wird,*

im Vertrauen, dass unser Volk, getreu seiner Ueberlieferung, durch *Selbstbesinnung, Selbsterziehung und Selbstbestimmung* die herrschende Krise bezwinge, haben wir Schweizerbürger, über Gegensätze von Parteien und Klassen hinweg, uns verständigt.

Wir wollen, statt an der Oberfläche der Zeit zu diskutieren, den sozialen Störungen auf den Grund gehen, um sie «mit dem Vaterland und allen Freien» zu überwinden. Wir geloben, in *treuer Arbeitsgemeinschaft, die Grundfesten unserer Demokratie zu schützen und für ihren freiheitlichen Ausbau einzustehen.*

Wie die Schweiz durch *Achtung und Gerechtigkeit* gegenüber den sprachlichen und kulturellen *Minderheiten* den Sinn *nationaler Volksgemeinschaft* verkörpert, so muss sie ein Beispiel *sozialer Volksgemeinschaft* werden.

Wir nehmen entschlossen den Kampf für die *geistige Freiheit und die nationale Unabhängigkeit* auf. Wir wollen mit allen, die nicht gesonnen sind, fatalistisch sich bevormunden zu lassen, uns zusammenfinden auf der freien Tribüne:

„Die Nation".

Sie wird den Beweis erbringen, dass Bürger verschiedener Berufe, verschiedenen Herkommens, verschiedener Anschauung, Bauer und Arbeiter, Kaufmann und Handwerker, Gelehrter und Künstler gemeinsam den *Weg bereiten zur geistigen, politischen und wirtschaftlichen Neugestaltung der Eidgenossenschaft.*

So rufen wir auf zu mutiger und besonnener Mitarbeit an der geistigen Läuterung, der sozialen Stärkung, der politischen Veredelung unserer Demokratie. Ihr freiheitlich Gesinnten in allen Gauen der Schweiz:

Schart Euch um „Die Nation".

Den Aufruf für „Die Nation" haben unterschrieben:

Peter Aebi, cand. rer. pol., Burgdorf
Dr. Werner Ammann, Zürich-Meilen
Fritz Bandi, stud. phil., Bern
R. Baumann, Direktor der Union Helvetia, Luzern
Prof. Dr. Ernst Blumenstein, Bern
Robert Bratschi, Generalsekretär, Bern
G. Canevascini, Regierungspräsident, Bellinzona
Prof. Dr. E. Claparède, Genf
Prof. Dr. Charly Clerc, Zürich
Dr. Eugen Curti, Rechtsanwalt, Zürich
Alberto Defilippis, Stadtpräsident von Lugano
Prof. Dr. A. Egger, Zürich
Dr. H. Enderlin, Redaktor, Chur
Dr. M. Eppenberger, Anwalt, Basel
Marie Fierz, Präsidentin Zürcher Frauenzentrale
Dr. L. O. Forel, Privatdozent, Nyon
Bendicht Frautschi, Landwirt, Turbach-Gstaad
Ernst Frautschi, Lehrer, Turbach-Gstaad
Andreas Fueter, stud. med., Zürich
Dr. Andreas Gadient, Landwirt, Serneus-Klosters
Dr. Max Gerwig, Gerichtspräsident, Basel
Prof. Dr. E. Grossmann, Zürich
Prof. Dr. E. Hafter, Kilchberg-Zürich
Prof. Jean de La Harpe, Neuenburg
Dr. F. Hauser, Regierungsrat, Basel
Dr. R. Hercod, Direktor, Lausanne
Fritz Horand, Sekretär, Zürich
Otto Hunziker, Gerichtspräsident, Zofingen
Konrad Ilg, Sekretär, Bern
Walter Ingold, Journalist, Bern
Dr. C. Jaeger, Bundesrichter, Lausanne
Dr. Fritz Jenny, Advokat, Basel
Dr. Emil Klöti, Stadtpräsident von Zürich
Dr. Alfred Kober-Staehelin, Basel
Dr. A. Lardelli, Regierungsrat, Chur
Prof. D. Lasserre, Lausanne
Dr. Annie Leuch, Lausanne
E. Lieb, Regierungsrat, Schaffhausen
Dr. Peter Liver, Rechtsanwalt, Flerden (Graub.)
Dr. A. Maag-Socin, Rechtsanwalt, Zürich
Carlo Maggini, Stadtpräsident von Bellinzona
Prof. Dr. F. Marbach, Bern
Walter Marbach, Landw.-Lehrer, Schaffhausen
Cesare Mazza, Regierungsrat, Bellinzona
Otto Meyer-Lingg, Fürsprech, Bern
Prof. Henri Miéville, Lausanne
Dr. W. Morgenthaler, Privatdozent, Bern
Dr. F. Moeschlin, Schriftsteller, Uetikon am See
Dr. Fritz C. Moser, Redaktor, Romanshorn
Werner Niederer, stud. ing., Zürich
Camillo Olgiati, Gemeindepräsident von Giubiasco
Dr. Hans Oprecht, Sekretär, Zürich
Dr. Max Oettli, Chexbres-Lausanne
Prof. Dr. William Rappard, Genf
Men Rauch, Redaktor, Schuls
Dr. H. Revilliod-Masaryk, Cologny-Genf
Prof. Pierre Reymond, Neuenburg
G. B. Rusca, Stadtpräsident von Locarno
Dr. Ida Somazzi, Seminarlehrerin, Bern
Dr. H. K. Sonderegger, Rechtsanwalt, Heiden
Dr. V. E. Scherer, Rechtsanwalt, Basel
Dr. M. Schmid, Seminardirektor, Chur
Paul Schmid-Ammann, Redaktor, Schaffhausen
Ph. Schmid-Ruedin, Generalsekretär, Zürich
A. Schnyder, Landwirtschaftslehrer, Solothurn
K. Straub, Sekretär, Zürich
Rud. Tschudy, Verleger, Glarus
E. Tung, Redaktor, Bern
Prof. Dr. Ed. von Waldkirch, Bern
Dr. Fritz Wartenweiler, Nussbaum, Frauenfeld
Dr. Max Weber, Sekretär, Bern
Dr. Hans Widmer, Stadtpräsident, Winterthur
Dr. E. Zellweger, Rechtsanwalt, Zürich
Dr. Emil Zürcher, Rechtsanwalt, Zürich

Wir Bauern zur „Nation"

«Schon wieder eine neue Zeitung und Front» — höre ich den bäuerlichen Leser sagen. Doch gemach, diesmal handelt es sich um keine Frontenneuschöpfung, auch nicht um die Herausgabe eines neuen Hetzblättchens. Nein, die «Nation» will, wie das schon in ihrem Namen zum Ausdruck kommt, von höherer Warte aus zum Volke sprechen. Sie will einmal den Versuch wagen, dem Leser nicht immer nur die extremen und schlechten Töne aus dem andern politischen Lager vorzusetzen, sondern auch die vernünftigen und guten. Während in «Fronten» und «Bünden» von Einigung gesprochen, in Tat und Wahrheit jedoch volkstrennend gewirkt wird, soll die «Nation» das *Einigende* zwischen unsern Volksgenossen nicht nur hervorheben, sondern auch in die Tat umsetzen.

Wenn *ein* Zeichen für sie berechtigt wäre (im übrigen genügt ihr das bisherige Schweizerkreuz vollkommen), dann in erster Linie das der Armbrust, jenes unauslöschlich in jedes wahre Schweizerherz eingekerbte Symbol zur Verteidigung unserer *demokratischen Freiheit!*

Es bedeutet jedenfalls eine *beachtenswerte* und für unsere schweizerische Politik und Wirtschaft kaum ganz ohne Einfluss bleibende *Tat*, wenn zahlreiche, ernst zu nehmende Männer aus politisch bisher oft scharf sich bekämpfenden Lagern, ohne Aufgabe ihrer bisherigen Parteizugehörigkeit, sich zu überparteilichem *Sichverstehenwollen* bereit finden und das in erster Tat durch die Herausgabe eines gemeinsamen Blattes dokumentieren, in dem jede Richtung ungeschminkt, aber ohne jede Giftelei zum Worte kommen kann.

Es darf als ein hocherfreulicher *Wendepunkt* registriert werden, wenn massgebliche, diktatur- und klassenkampffeindlich gesinnte Führer unserer Arbeiterschaft, der Gewerkschaften und der Sozialdemokratie, in aufrichtiger Weise und ohne Hintergedanken gewillt sind, von gesund nationalem Boden aus mit Vertretern der bürgerlich-bäuerlichen Richtung an die Lösung der wirtschaftlichen und politischen Aufgaben heranzutreten.

Politische Scharfmacher und *journalistische Verdrehungskünstler* werden auf dem Boden der «Nation» *keinen Platz* vorfinden, wohl aber alle jene, die wissen möchten, wie es in Wirklichkeit bei dem als gleichwertig anerkannten Miteidgenossen im andern Lager aussieht.

Der Zugehörigkeit zu einer *Bauernpartei* und dem aufrichtig-geraden Wirken daselbst kann das Mitwirken bei der «Nation» keinen Abbruch tun. Dieser Gemeinschaftsgedanken ist ja unserer Bauernpolitik, wie das auch im Wirken des Bauernverbandes zum Ausdruck kommt, von jeher eigen, und es war der Bauer den volkstrennenden Tendenzen nie hold gesinnt.

Mit der «Nation» wird auch unser *bäuerlicher Standpunkt* direkt an die Ohren der andern Miteidgenossen getragen werden können, eingedenk dessen, dass zur Erhaltung einer unabhängigen, gesunden und leistungsfähigen Eidgenossenschaft und Volkswirtschaft ein genügend kräftiger Bauernstand die erste Voraussetzung darstellt.

In konsequenter *Abgrenzung* gegenüber den politischen und wirtschaftlichen *Extremen* links und rechts wird sich auf dem Boden der «Nation» die wahre, grosse Volksgemeinschaft vorbereiten.

Wir wünschen dem Gedanken der «Nation» und der Zeitung selbst auch in unsern Bauernkreisen, nicht zuletzt bei der jüngeren Generation, eine gute Aufnahme.

W. Marbach, Landwirtschaftslehrer, Schaffhausen.

Das sowjetische Kino

«Die wichtigste aller Künste»
Der Film als Leitkunst der Revolutionsideale

Als Wladimir Iljitsch Uljanow, genannt Lenin, Präsident der jungen Russischen Sowjetrepublik war, erläuterte er dem fürs Bildungswesen zuständigen Anatoli Lunatscharski 1922 den Stellenwert des Films: «Da Sie für unser Volk als Volkskommissar für die Künste zuständig sind, prägen Sie sich ein: Für uns ist der Film die wichtigste aller Künste.» Fünf Jahre nach der Revolution ging es darum, Entwicklungen zu dokumentieren und Ideale unters Volk zu bringen. Die gerade mal ein Vierteljahrhundert alte Filmtechnik erschien dem Revolutionsführer, der sich in Sachen Kultur als «Barbaren» bezeichnete, perfekt geeignet. Weil das Kino Dinge vor Augen führen und Gefühle bewegen kann, hat es etwas Unausweichliches. Lenin selber konnte die Früchte seines Diktums nicht mehr sehen: Er starb, bevor das, was man später als sowjetisches Revolutionskino bezeichnen sollte, so richtig in Fahrt gekommen war. Bewegt haben es Künstler, die 1919, als Lenin das Filmwesen verstaatlichte, gerade mal 17 bis 26 Jahre jung waren.

Wenn Film das Leitmedium in der aufbrechenden Gesellschaft sein soll, muss der Staat dem Kino Produktionsmittel geben. Diese sollen den Idealen dienend eingesetzt werden, etwas prosaischer ausgedrückt: der Propaganda. Im Fall der Sowjetunion kam beflügelnd hinzu, dass die Experimentierfreudigkeit im Kino schon vor der Revolution angelegt war und das Land mit avantgardistischen Künstlern wie Jewgeni Bauer (1865–1917) aufwarten konnte, die den Vergleich mit westlichen Schlüsselfiguren wie dem Nordamerikaner David W. Griffith oder dem Franzosen Abel Gance nicht zu scheuen brauchten. Was von den 82 Filmen, die der Bühnenbildner und Fotograf Bauer zwischen 1913 und seinem Tod im Revolutionsjahr 1917 gedreht hat, erhalten geblieben ist, zeigt einen frühen Meister der Filmkunst: soziale Dramen wie *Stumme Zeugin* 1914, Melodramen wie *Nach dem Tod* 1915, Filme voll visueller Erzählfreude mit erstaunlichen Kamerabewegungen und wunderbar komponierten Bildausschnitten. 1917 drehte Bauer mit *Der Revolutionär* einen seiner letzten Filme, der von der Verhaftung und Deportation eines Revolutionärs im Jahr 1907 erzählt und davon, wie er nach zehn Jahren Lager in Sibirien 1917 heimkehrt und von den Studenten gefeiert wird.

In Zeiten mit grossem kreativem Potenzial finden sich Verbindungen, die von einem Namen zum nächsten führen. Zu den Assistenten von Jewgeni Bauer gehörte der Kunstmaler Lew Kuleschow (1899–1970), der nach der Revolution Wochenschaufilme drehte und 1919 mit der Leitung der staatlichen Filmschule in Moskau betraut wurde. Hier studierten kommende Filmemacher wie Wsewolod Pudowkin (1893–1953) oder Sergej Eisenstein (1898–1948); hier wurden Theorien entwickelt mit einem Hauptaugenmerk auf der Montage von Bildern und deren Wirkung. Der Name Kuleschow steht heute noch für die von ihm erprobte These, dass unterschiedliche Sujets – montiert mit demselben Bild eines Gesichts – verschiedene Emotionen bewirken. Er führte das vor, indem er das Gesicht eines Schauspielers mit dem Bild eines Tellers Suppe, dem Bild eines Kindes im Sarg und dem einer Frau auf dem Sofa liegend zusammenfügte. Der sogenannte Kuleschow-Effekt zeigte, dass wir den gleichen Gesichtsausdruck anders lesen, je nach Kontext. Also galt es, in spannungsgeladenen Zusammenfügungen zu erzählen.

Von den Filmen, die Lew Kuleschow selber gedreht hat, ist die Komödie *Die seltsamen Abenteuer des Mr. West im Land der Bolschewiki* von 1924 besonders amüsant, weil sie einen US-Amerikaner auf der Reise in die Hölle des Kapitalismus zeigt – und diese wurde in Russland verortet. Der Boxer Boris Barnet (1902–1965) trat in der Rolle des cowboyartigen Leibwächters von Mr. West in Erscheinung und machte in einer Verfolgungsjagd deutlich, für welches Kino sein Herz schlägt. Bald einmal sollte er als Regisseur von sich reden machen und mit der umwerfenden Komödie *Das Mädchen mit der Hut-*

schachtel von 1927 brillieren, die sowjetisches Montagekino mit Slapstick vermählte. «Ich bin kein theoretischer Mensch, ich nehme das Material für meine Filme aus dem Leben», meinte Barnet; eine Haltung, die ihm in einer Zeit, in der das Material der Filme der revolutionäre Mensch sein sollte, das Arbeiten schwer machte.

Am Drehbuch zu *Mr. West* schrieb Pudowkin mit, zusammen mit Eisenstein einer der beiden Grossen des russischen Revolutionskinos. Über sie wurden zahlreiche Bücher geschrieben, von Eisenstein liegen umfangreiche Schriften vor, darunter jene zur «Montage der Attraktionen», in der er, vom Theater ausgehend, für eine aggressive Erzählform der Gegenüberstellungen plädiert. Er war federführend und trug mit seiner ungeheuren schöpferischen Kraft dazu bei, dass der Auftrag, für die Sache der Revolution Filme zu drehen, weniger als Propaganda denn als Avantgarde in die Geschichte einging.

Sowjetisches Revolutionskino, das sind eben nicht nur Filme über die Revolution. Der Begriff steht zunächst für eine Erschütterung der Filmsprache. Eisenstein präsentierte 1925 sowohl seinen ersten langen Film *Streik* als auch *Panzerkreuzer Potemkin* und Pudowkin folgte mit *Mutter*. *Potemkin* wurde zur zwanzigjährigen Feier der Revolution von 1905 produziert und hatte am 21. Dezember 1925 im Moskauer Bolschoi-Theater Premiere. Eisenstein peitscht uns in Odessa durch die Geschichte der Meuterei auf dem Kriegsschiff *Knjas Potjomkin Tawritscheski*, die sich gegen die Willkür und Ausbeutung der zaristischen Herrschaft richtete. Und Pudowkin blickt im Jahr der ersten Revolution hinein ins Leben der Arbeiterfamilie Wlassow in Sankt Petersburg, wo die Mutter innert kurzer Zeit den alkoholsüchtigen Mann und den kämpferischen Sohn verliert. Schon 1928 liess Eisenstein mit *Oktober* einen weiteren Revolutionsfilm folgen, dieses Mal mit Blick auf die Oktoberrevolution 1917 aus Anlass des zehnjährigen Jubiläums. Und Alexander Dowschenko (1894–1956) schildert in *Arsenal* 1929 den Januaraufstand in Kiew 1918 – den Aufstand der Arbeiter in der Munitionsfabrik – bevor er im lyrischen Film *Erde* das Aufkommen des Traktors feierte.

Was diese Filme besonders kennzeichnet und zu Lehrstücken für Generationen in der ganzen Welt machte, ist die Montage. Ob sie Elemente der Wirklichkeit aufzeichneten oder historische Ereignisse nachstellten: Die sowjetischen Revolutionsfilmer setzten das Publikum mit ihren Bilderfolgen einer schockartigen Erfahrung aus, der sich das noch unverbrauchte Sehverhalten kaum entziehen konnte. Die Inszenierung des Gemetzels an den Arbeitern wird in *Streik* parallel montiert mit Bildern vom Töten im Schlachthof. Noch heute packen die Gegenüberstellungen in einer Herrschaft, gegen die sich das Volk und seine Anführer damals auflehnten, fesseln die Rhythmen, die über die Montage komponiert wurden, erstaunen die Atemlosigkeit der Erzählung und der Aufwand. In einer Sequenz wie der legendären Treppenszene von Odessa im *Panzerkreuzer Potemkin* geht es nicht um die Genauigkeit in der Chronologie des Geschehens, es geht um die Wirkung des Gezeigten auf die Betrachtenden. Das waren Stummfilme, die reden, ja schreien konnten. Ein schöner Teil des Publikums war freilich durch die wohl kalkulierten Montagen überfordert. Bald schon ging die Staatsführung dazu über, ein einfacheres Kino zu verordnen mit dem Effekt, dass der sowjetische Film bis zum Tauwetter der späten 1950er Jahre keine grosse Rolle mehr spielte.

In der kurzen Blütezeit des Revolutionskinos entstanden nicht nur Hymnen auf den Umsturz und pathetische Lobgesänge auf Arbeit und Aufbau, auch der ganz gewöhnliche Alltag tauchte im Kino auf. Beim bereits erwähnten Boris Barnet oder bei Abram Room, der uns im Spielfilm *Bett und Sofa* von 1927 über eine Dreierbeziehung in den Alltag Moskaus blicken lässt. Ein junges Paar nimmt einen Freund bei sich auf und trudelt in Schwierigkeiten. Was hier besticht, ist der offene Blick ins Beziehungsleben und in den Berufsalltag der Stadt.

Die zentralen Werke des sowjetischen Films wurden mit teils gigantischem Aufwand und bis zu 200 000 Statistinnen und Statisten in Szene gesetzt. Es waren Spielfilme, die Geschichtsmomente über verschiedene Blickwinkel, Bildkompositionen oder visuelle Akzente überhöhten. Einer, dem das Inszenieren per se nicht passte und der voll aufs Dokumentieren setzte – gleichzeitig aber sehr wohl mit den aufgezeichneten Bildern fiktionalisierte – war Dawid Kaufman (1896–1954), der sich Dsiga Wertow nannte und der Bruder der beiden Kameralegenden Michail und Boris Kaufman war. Er setzte sich 1922 dezidiert ab von der Fiktion, bestritt ihre Existenzberechtigung und sammelte das, was er und seine Kamera vorfanden. Seine Arbeit begann mit den sogenannten Agitkis, den Agitationsfilmen der frühen 1920er Jahre. Wertow sprach vom «Kinoglaz», dem «Bewaffneten Auge», dem Eisenstein ebenso vehement die «Filmfaust» entgegenhielt. Für Eisenstein war der Film ein «Traktor», der die Sinne der Betrachtenden umpflügen sollte, während Wertow den Spielfilm als «Opium fürs Volk» bezeichnete und Film nur als «Fabrik der Fakten» gelten liess. Epochal ist sein Filmgedicht *Der Mann mit der Kamera* von 1929, dem 1930 ein erster Tonfilm *Enthusiamus* folgte. Die Revolution ist darin weit weg, nun gilt es, in der Schwerindustrie den Fünfjahresplan umzusetzen, religiöse Regungen und kapitalistische Gefühle hinter sich zu lassen.

Noch bevor das Jahrzehnt des Sowjetischen Revolutionskinos zu Ende war, fand in der Schweiz vom 3. bis 7. September 1929 im Schloss von La Sarraz auf Initiative der Baronin Hélène de Mandrot der Internationale Kongress des unabhängigen Kinos statt, mit Delegationen aus zwölf Ländern. Die Tagung drehte sich um die Finanzierung des unabhängigen Films, die Institutionalisierung des Vertriebs und um Ästhetik. Neben Béla Balázs, Walter Ruttmann und Alberto Cavalcanti nahmen auch Sergej Eisenstein und sein Kameramann Eduard Tisse teil. Man drehte gemeinsam einen Kurzfilm, aber wichtiger für die Schweiz war, dass Produzent Lazar Wechsler Eisenstein und Tisse die Verantwortung für einen Film zum Thema Abtreibung übertrug: *Frauennot – Frauenglück*. So erhielt auch die Schweiz auf filmischem Weg ein Stück russisches Revolutionskino.

66 Lew Kuleschow, ***Neobytschainye prikljutschenija mistera Westa w stranje bolschewikow*** mit Boris Barnet und Wsewolod Pudowkin, Produktion Goskino 1924, 68 Minuten.

Die seltsamen Abenteuer des Mr. West im Lande der Bolschewiki entstand im Winter 1923/24. Mit ihren Western-Elementen lehnt sich diese Komödie an den nordamerikanischen Slapstick an: Mister West begegnet in seinen Socken mit Flaggenmuster den Klischees des anderen Systems.

67 Boris Barnet, ***Dewuschka s korobkoi*** mit Anna Sten als Natascha; Produktion Mezhrabpom-Rus 1927, 99 Minuten.

Das Mädchen mit der Hutschachtel, der erste Spielfilm des ehemaligen Boxers Boris Barnet, sprüht bereits vor Einfällen, Schalk und Romantik. Anna Sten, die Hauptdarstellerin in dieser turbulenten Komödie um eine junge Frau vor den Toren Moskaus, wurde 1932 nach Hollywood gerufen.

68 Sergej Eisenstein (Regie und Montage), ***Bronenosez Potjomkin***, Kamera Wladimir Popow und Eduard Tisse, Produktion Goskino 1925, 75 Minuten.

Sie ist legendär in der Filmgeschichte und steht fürs Revolutionskino schlechthin, die Treppensequenz in Odessa aus *Panzerkreuzer Potemkin*, in deren Verlauf die zaristische Armee auf die Menschen zu schiessen beginnt und ein Kinderwagen die Stufen hinunterrollt.

69 Wsewolod Pudowkin, ***Mat***, mit Wera Baranowskaja
in der Titelrolle, Produktion Mezhrabpom-Rus 1926, 88 Minuten.

Die Mutter der Familie Wlassow aus dem Arbeiterviertel von St. Petersburg verliert zur Zeit der ersten Revolution 1905 in kurzer Zeit Mann und Sohn, die auf unterschiedlichen Seiten kämpfen.
Sie wird im Film *Die Mutter* zur Flaggenträgerin der Revolution.

70 Dsiga Wertow, ***Simfonija Donbassa – Entusiasm***, Kamera Boris Zeitlin und K. Kualow, Produktion Ukrainfilm 1930, 67 Minuten.

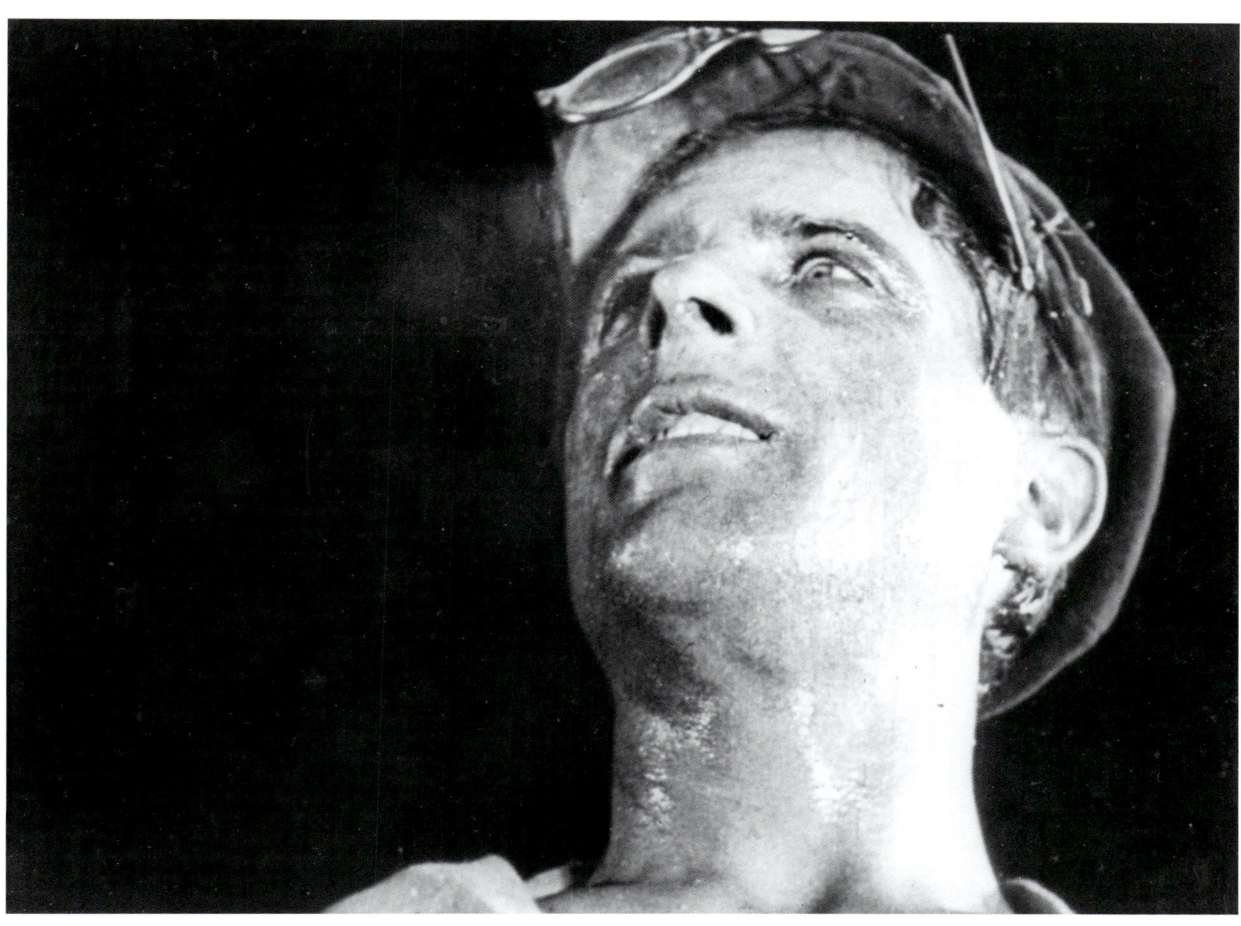

Der Fünfjahresplan der späten 1920er Jahre steht thematisch im Zentrum des meisterlichen Dokumentarfilms *Donbass-Sinfonie – Enthusiasmus*, der die Auswahl an Avantgardefilmen abrundet und Einblick gibt in die Aufbruchstimmung – im Kino wie im Leben.

Epilog

Revolution – eine Idee verblasst

Während der Begriff der Revolution einst Generationen bewegte, fehlt uns heute der Glaube, dass sie Heil bewirke. Die Freiheit scheint selbstverständlich, und das Neue geschieht ohne Unterlass. Dabei beginnen hinter unserem Rücken die Strukturen der Unfreiheit zu wachsen.

«In Paris ist Revolution ausgebrochen!» Mit diesem Ausruf, der ja fast eine geschichtsphilosophische Formel darstellt, stürzt in Alban Bergs Oper *Lulu* der Zeitungsmacher Dr. Schön, einen Revolver in der Hand, ins Zimmer, um mit Lulu, seiner exzentrischen Frau, ein für alle Mal abzurechnen. Sein Sohn Alwa, ein träumerischer Komponist und ebenfalls in Lulu verliebt, stammelt «schlaftrunken»: «In Paris … Lass mich nach Paris …» Darauf sein Vater: «In der Redaktion weiss keiner, was er schreiben soll. Er stösst seinen Sohn aus dem Raum, drückt dann Lulu den Revolver in die Hand, will sie zum Selbstmord zwingen und wird von ihr mit fünf Schüssen in den Rücken erledigt.

Man könnte sich fragen, ob sich in dieser Szene nicht ein Modell für unseren Umgang mit Revolutionen findet: Eine Revolution bricht aus, keiner weiss, was er schreiben soll, und dann wenden wir uns unseren eigenen Problemen zu – mit oder ohne Revolver. Dass bei Wedekind und Berg diese Revolution in Paris ausbricht, ist allerdings kein Zufall. Es war und ist die Französische Revolution, an der sich das moderne Denken der Revolution überhaupt entzündet hat, die zum Massstab, zum Angelpunkt und zum Referenzrahmen aller nachfolgenden Revolutionen werden wird, von den Revolutionen des Jahres 1848 über die russische Revolution 1917, vom Pariser Mai des Jahres 1968 bis zum euphemistisch sogenannten «arabischen Frühling» unserer Tage. Lasst uns also nach Paris!

Freiheit als Telos

Im Jahre 1957 veröffentlichte der Philosoph Joachim Ritter eine kleine Abhandlung mit dem Titel *Hegel und die Französische Revolution*. Es sollte einer der einflussreichsten Texte der deutschen Nachkriegsphilosophie werden. Ritter, der später zum Oberhaupt einer gerne konservativ genannten Schule avancieren sollte, hatte darin den Versuch unternommen, Hegel vom Vorwurf, ein Verteidiger des reaktionären preussischen Staates zu sein, zu befreien und den Nachweis zu liefern, dass Hegels geschichtsphilosophisches und politisches Denken nur aus seinem positiven Verhältnis zur Französischen Revolution zu verstehen war.

Wie immer diese Deutung heute eingeschätzt werden mag: Entscheidend war, dass Ritter mit Hegel versuchte, die Revolution auf den Begriff zu bringen. Mit Emphase zitiert er jene berühmt gewordenen Sätze aus der *Phänomenologie des Geistes*, nach denen die politische Revolution die «ungeteilte Substanz der absoluten Freiheit» ist, die sich auf den «Thron der Welt» erheben will, «ohne dass irgendeine Macht ihr Widerstand zu leisten vermöchte». Freiheit ist das Motiv, der Ausgangspunkt und das Telos der Revolution, Freiheit ist aber auch ihr immer wieder neu zu behauptendes problematisches Erbe. Revolution bedeutet: die Freiheit als Freiheit für alle einzufordern, sie zu einem Recht zu erklären und nach einer Verfassung des Staates zu suchen, die imstande ist, diese Freiheit, die nur als Freiheit des Einzelnen gedacht werden kann, auch zu garantieren.

Wohl wusste Hegel und mit ihm auch Ritter, dass der erste Schritt in diese Freiheit, die Revolution selbst, ihre Schattenseite hatte: den Terror. Das entsprechende Kapitel in Hegels *Phänomenologie* trägt den Titel *Die absolute Freiheit und der Schrecken*, und darin findet sich auch jene lakonische und auch von Ritter zitierte Bemerkung, dass zur Revolution auch der «platteste Tod» gehört, «ohne mehr Bedeutung als das Durchhauen eines

Kohlhauptes …». Im Namen der Freiheit des Einzelnen wird das Leben des Einzelnen zu einer Nullität – es hat keine Bedeutung. Doch dieser Schrecken und seine Opfer schienen angesichts des grossen revolutionären Programms der «Einheit von Freiheit und Menschsein» wenn nicht vernachlässigbar, so doch legitimierbar.

Mehr als ein halbes Jahrhundert nach Joachim Ritters bahnbrechender Studie veröffentlichte sein Sohn Henning Ritter kurz vor seinem allzu frühen Tod einen «Versuch über die Grausamkeit», dem er den Titel *Schreie der Verwundeten* gab. Das Buch beginnt mit einer intensiven Einlassung auf jene Seite der Französischen Revolution, die Hegel und sein Vater gerade einmal gestreift hatten: Das System der Vernichtung, das kein Unfall, keine Abweichung, sondern Ausdruck der innersten Logik der Revolution war, wie sie etwa Robespierre verkörperte: «Das mit letzter Konsequenz gewollte Gute wird böse, das Böse treibt das Gute aus sich hervor.» Robespierre erscheint als der «Typus des Vollstreckers, der im 20. Jahrhundert wieder auftauchen wird, der Ernst macht mit dem, was in der Situation bereit liegt: Worte zu Taten.» Keine Revolution, die sich nicht als Idee vorbereitete, die verwirklicht werden wollte; keine Verwirklichung einer Idee allerdings, die nicht Angst und Schrecken verbreitete. Das Verstörende an Henning Ritters Essay ist dann auch die gleichermassen kühle wie intime Rekonstruktion der immanenten Grausamkeit der Revolution.

Der Nimbus, der die Revolution lange umgab, lag nicht in ihrer Praxis, sondern in ihrem Pathos, ihrer Gestik, ihrer Symbolik. Es ist ja erstaunlich, dass in der Euphorie gerade auch über die bürgerlichen Revolutionen des 18. und 19. Jahrhunderts grosszügig darüber hinweggesehen wird, dass keine dieser Revolutionen ihr Ziel unmittelbar erreichte. Sie mündeten fast stets in Terror, Gewaltherrschaft, politischem Abenteurertum, und es dauerte, etwa in Frankreich, über ein Jahrhundert, bis die Versprechen der Revolution allmählich stabile institutionelle Formen annehmen konnten. Gelungene Revolutionen mögen politische Machtverhältnisse umstürzen, alte Systeme hinwegfegen, Personen beseitigen – in der Regel schaffen sie mehr und lange andauernde Probleme, als sie unmittelbar lösen. Der Enthusiasmus, der mancherorts für den «arabischen Frühling», den man sich nach dem Modell der europäischen Revolution dachte, um sich gegriffen hatte, war so auch Ausdruck einer eklatanten Geschichtsvergessenheit, letzter Reflex einer Revolutionsromantik. Nicht nur frisst wie Saturn die Revolution ihre Kinder – wie Pierre Vergniaud, einer ihrer Protagonisten, am Gang zum Schaffot bemerkte –, sondern sie muss ihre Anhänger immer auch enttäuschen. Man kann über Lenin sagen, was man will: Aber in *Staat und Revolution*, geschrieben am Vorabend der russischen Revolution, hat er ein ziemlich klares Bewusstsein von diesen Zusammenhängen entwickelt.

Es sind aber diese Ideale, die die Leuchtkraft von Revolutionen bestimmen. Hannah Arendt hat in ihrem grossen Essay *Über die Revolution* von 1963 diese Ideale benannt: die «Idee der Freiheit» und die «Erfahrung eines Neuanfangs». Eine Revolution, der es nicht um Freiheit, um individuelle Freiheit, um Freiheit als Selbstbestimmung des Einzelnen geht, ist keine Revolution, eine Revolution, die nicht die Politik, den Staat, die Gesellschaft neu denken und gestalten will, die nicht einen Neuanfang verkündet, ist auch keine Revolution. Eine Revolution ist eben nicht eine beschleunigte Variante einer Reformpolitik, eine Revolution ist nicht das Resultat kontinuierlicher Veränderung im Bereich des Sozialen, der Wissenschaft oder der Technik, sondern eine Revolution muss sich als Bruch, als Ende und Neubeginn, als radikaler Wechsel der Perspektive erweisen. – Die Freiheit und das Neue: Genau wegen dieser Bestimmung kannte Hannah Arendt übrigens nur zwei Revolutionen, die diesen Namen auch verdienten: die amerikanische Revolution, also der Unabhängigkeitskrieg, und die Französische Revolution. Revolutionen, in denen es nur um Machtwechsel, einen Austausch der Eliten oder um die Etablierung totalitärer Herrschaftsformen geht – wie etwa im Konzept einer «Diktatur des Proletariats» und seiner Realisierung in Russland oder China –, waren für Arendt keine Revolutionen. Folgt man diesen Überlegungen, wäre auch eine islamische Revolution, wie sie etwa in Iran mit dem Ziel stattgefunden hat, autokratische, religiös fundierte Herrschaftsformen zu etablieren, in diesem Sinne keine Revolution. Dies ist übrigens genau der Grund, warum etwa der arabische Schriftsteller Adonis zu Beginn des «arabischen Frühlings» erklärt hatte, dass er nicht an einer Revolution teilnehmen könne, die in einer Moschee beginne. Solch eine Revolution sei keine, da es essenziell weder um Freiheit noch um Demokratie gehe, sondern um bewaffnete Revolten mit unklaren Zielen, aber letztlich unter religiösen Prämissen.

Unerwünschte Nebenfolgen

Und auch wenn wir mit dem Begriff der Revolution doch einigermassen grosszügig umgehen: Ohne den Anspruch auf Freiheitsgewinne und den Anspruch des Neuen werden wir dabei nicht so recht froh – das gilt auch für die industrielle Revolution ebenso wie für die sexuelle, für wissenschaftliche Revolutionen ebenso wie für die digitale, und dies gilt auch für die ästhetischen Revolutionen. Nur weil etwas neu ist, stellt es noch keine Revolution dar – das gilt für viele Innovationen vor allem im Bereich der Medien, der Kunst und der unterschiedlichen Technologien. Veränderungen, und mögen sie noch so dramatisch sein, die den Menschen nicht mehr Freiheit, sondern mehr Zwang und Abhängigkeit bringen, Einschnitte, und mögen sie noch so drastisch sein, die zu einer Rückkehr zu alten Lebens- und Erwerbsformen führen, sind keine Revolutionen. Alle diese genannten Revolutionen versprachen dann auch mehr Freiheit – in der Sexualität, in der Kommunikation, in der Produktion, in der Forschung, in der Kunst – und alle unterlagen, wenn auch oft in Form der Karikatur, der Logik des Umschlags der Freiheit in den Schrecken: In der befreiten Sexualität dominiert der Leistungsdruck, in der digitalen Kommunikation triumphieren die Überwachungsprogramme, in der Kunst unterwerfen sich alle dem Trend zur Selbstdarstellung, in der Forschung regiert der Publikationszwang!

Die Freiheit und das Neue: Das gilt auch und vielleicht im besonderen Masse für die Revolution in der Kunst. Im Jahre 1849, als sich das Scheitern der politischen Revolution abzeichnete, veröffentlichte der ehemalige sächsische Hofkapellmeister, Barrikadenkämpfer und nunmehrige Flüchtling Richard Wagner den Aufsatz *Die Kunst und die Revolution*. Geschrieben wurde dieser Text, wie könnte es anders sein, in Paris! Wagner will beides: die Freiheit und das Neue. Er will die Freiheit und die Befreiung des Menschen – und dies umso mehr, als die bisherige Entwicklung der Menschheit nicht die Sklaven frei, sondern die Freien zu Sklaven gemacht habe. Und Wagner will die Befreiung der Kunst – denn diese erscheint gerade in der anbrechenden Moderne ganz besonders geknechtet: «Das ist die Kunst, wie sie jetzt die ganze zivilisierte Welt erfüllt! Ihr wirkliches Wesen ist die Industrie, ihr moralischer Zweck der Gelderwerb, ihr ästhetisches Vorgeben die Unterhaltung der Gelangweilten.»

Das Neue allerdings, das Wagner will, ist die Einheit der politischen und sozialen mit der ästhetischen Revolution. Denn der freie Mensch ist der und nur der, der auch ästhetisch empfänglich und ästhetisch produktiv ist: «Aus dem entehrenden Sklavenjoche mit seiner bleichen Geldseele wollen wir uns zum freien künstlerischen Menschentume aufschwingen: aus mühselig beladenen Tagelöhnern der Industrie wollen wir alle zu schönen, starken Menschen werden, denen die Welt gehört als ein ewig unversiegbarer Quell höchsten künstlerischen Genusses.» Die Revolution gebe diesem Menschen die Stärke, die Kunst gebe ihm die Schönheit! Und dann heisst es weiter: «Jeder Mensch wird in Wahrheit Künstler sein.» Auch Joseph Beuys, wir ahnten es, war Wagnerianer.

Seltsam farblos

Nein, die Hoffnungen, die die Kunst in die Revolutionen setzte, haben sich ebenso wenig erfüllt wie die der Revolution in die Kunst. Das Konzept, die ästhetische Avantgarde auch als Vorhut einer sozialen und politischen Revolution zu sehen, wie es vor allem die wilden sechziger Jahre propagierten, hat zwar bis heute den Kunstmarkt belebt, aber die politischen und gesellschaftlichen Verhältnisse eher unangetastet gelassen. Revolution ist heute ein seltsam farbloser Begriff geworden. Die Emphase, mit der dieser Begriff einmal verbunden war, ist verschwunden. Die «erhabene Rührung» und den «Enthusiasmus des Geistes», den Hegel noch zur Revolution, dieser «Morgenröte» der Geschichte, assoziieren konnte, empfindet kaum noch jemand, aber auch die Schrecken der vergangenen Revolutionen schrecken nicht mehr, man begreift sie als Preis, der für die Etablierung jener menschenrechtlichen Verhältnisse, in denen man es sich häuslich eingerichtet hat, eben zu zahlen war.

Das macht es auch trotz andauernder Krise schwer, in der Idee der Revolution noch jene Kraft zu sehen, die den Kapitalismus, seine modernen Erscheinungsformen und die durch ihn verschärften Abhängigkeiten überwinden könnte. Und dies hat auch damit zu tun, dass wir die Idee der Freiheit und das Konzept des Neuen entkoppelt haben. Das Neue ist ohnehin allgegenwärtig, wir werden von Innovationen geradezu überschwemmt, die Beschleunigungsdynamik der modernen Welt kennt keine versteinerten Verhältnisse, die zum Tanzen gebracht werden müssten; revolutionär wäre heute wahrscheinlich die Forderung nach Innehalten, Kontemplation, Ruhe, Langsamkeit. Jenseits des Kapitalismus aber können wir uns nichts mehr vorstellen, alles, was neu ist oder sein könnte, hat ihn zur Voraussetzung. Kapitalismuskritik äussert sich deshalb auch als diffuse Empörung, als partielle Aktion, als Bürgerinitiative, als spektakuläre Besetzung eines Bankenviertels, mit einem Wort: als Anspruch, bisher vernachlässigte Partikularinteressen durchzusetzen, ohne die Rahmenbedingungen an sich in Frage zu stellen. Und die individuelle Freiheit ist einerseits selbstverständlich, andererseits eine vernachlässigbare Grösse geworden. Mitunter kann man sich des Eindrucks nicht erwehren, dass unter dem Druck der modernen Kommunikationsformen die schon von Étienne de La Boétie, einem Freund Michel de Montaignes, diagnostizierte Disposition des Menschen zur «freiwilligen Knechtschaft» gegenwärtig hoch im Kurs steht.

Die Revolution steht nicht mehr auf der Tagesordnung – weder in der Theorie noch in der Politik noch in der Kunst. Nein, wer heute in den digitalen Suchmaschinen nach «Revolution» fahndet, stösst nach dem unvermeidlichen Wikipedia-Eintrag auf eine amerikanische Fernsehserie, auf eine Event-Agentur, eine Anzeige für Liegeräder, die eine «Bike-Revolution» verspricht, auf eine Studentenbar in Graz und einen Online-Shop, der unter dem Label «Revolution» die «heissesten Styles» im Bereich Haus- und Schlafanzüge anbietet. Unter dieser Perspektive könnte man das Problem der Revolution eigentlich auch ganz entspannt sehen.

Beim abgedruckten Text handelt es sich um die gekürzte Fassung eines Vortrags, gehalten am NZZ Podium «Revolution» – im Rahmen des Lucerne Festival am 8. September 2013. Erstpublikation in der NZZ vom 9. September 2013, © NZZ AG

Anhang

Literaturempfehlung

Korine Amacher: La Russie 1598–1917. Révoltes et mouvements révolutionnaires, Gollion 2011.

Philipp Blom: Der taumelnde Kontinent. Europa 1900–1914, München 2009.

Philipp Blom: Die zerrissenen Jahre. 1918–1938, München 2014.

Peter Collmer: Die Schweiz und das Russische Reich 1848–1919. Geschichte einer europäischen Verflechtung, Zürich 2004.

Bernhard Degen und Julia Richers (Hg.): Zimmerwald und Kiental. Weltgeschichte auf dem Dorfe, Zürich 2015.

Dietrich Dreyer: Schweizer Kreuz und Sowjetstern. Die Beziehungen zweier ungleicher Partner seit 1917, Zürich 1989.

Matthew Drutt (Hg.): Auf der Suche nach 0,10. Die letzte futuristische Ausstellung der Malerei, Ostfildern 2015.

Jean-François Fayet: VOKS. Le laboratoire helvétique. Histoire de la diplomatie culturelle soviétique durant l'entre-deux-guerres, Chêne-Bourg 2014.

Orlando Figes: Die Tragödie eines Volkes. Die Epoche der Russischen Revolution 1891–1924, Berlin 1998.

Willi Gautschi: Lenin als Emigrant in der Schweiz, Zürich 1973.

Willi Gautschi: Der Landesstreik 1918, Zürich 1988.

Heiko Haumann: Geschichte Russlands. Zürich 2003.

Heiko Haumann (Hg.): Die Russische Revolution 1917, Köln 2016.

Irène Herrmann, Brigitte Studer und Berthold Unfried (Hg.): Parler de soi sous Staline. La construction identitaire dans le communisme des années trente, Paris 2002.

Eric Hobsbawm: Das Zeitalter der Extreme. Weltgeschichte des 20. Jahrhunderts, München 2010.

Peter Huber: Stalins Schatten in die Schweiz. Schweizer Kommunisten in Moskau: Verteidiger und Gefangene der Komintern, Zürich 1994.

Andreas Kappeler: Russland als Vielvölkerreich. Entstehung Geschichte Zerfall, München 1992.

Christian Koller: La grève comme phénomène «anti-suisse». Xénophobie et théories du complot dans les discours anti-grévistes (19e et 20e siècles). In: Cahiers d'histoire du mouvement ouvrier 28 (2012), S. 25–46.

Eva Maeder und Peter Niederhäuser (Hg.): Käser, Künstler, Kommunisten. Vierzig russisch-schweizerische Lebensgeschichten aus vier Jahrhunderten, Zürich 2009.

Andreas Moser: Land der unbegrenzten Unmöglichkeiten. Das Schweizer Russland- und Russenbild vor der Oktoberrevolution, Zürich 2006.

Museum of the Swiss Abroad (Hg.): La Suisse par les Russes. Russian Switzerland. Russkaja Sveicarija. 1814–2014. Artistic and Historical Perspectives. 100 Years of Diplomatic Relations, Gollion 2014.

Fritz N. Platten: Mein Vater Fritz Platten. Ein Leben für die Russische Revolution. In: Turicum 3 (September 1972), S. 17–22.

Franziska Rogger und Monika Bankowski: Ganz Europa blickt auf uns! Das schweizerische Frauenstudium und seine russischen Pionierinnen, Baden 2010.

Frithjof Benjamin Schenk: Russlands Fahrt in die Moderne. Mobilität und sozialer Raum im Eisenbahnzeitalter, Stuttgart 2014.

Michail Schischkin: Die russische Schweiz. Ein literarisch-historischer Reiseführer, Zürich 2003.

Reinhard Spieler und Nina Gülicher (Hg.): Schwestern der Revolution. Künstlerinnen der russischen Avantgarde, München 2012.

Kurzbiografien der Autorinnen und Autoren

KORINE AMACHER

Geb. 1963, Prof. Dr. phil, seit 2012 Professorin für Geschichte Russlands und der UdSSR an der Universität Genf. Direktorin des Masterprogramms Russia – Central and Eastern Europe an der Universität Genf. Von 2007 bis 2010 Forschungsaufenthalt in Moskau (Institute of World History of the Russian Academy of Sciences). Ihre Hauptpublikationen sind der Sowjetischen und Russischen Historiografie, der Revolutionären Bewegungen im Russischen Zarenreich, den Akteuren des 19. und 20. Jahrhunderts (u. a. Alexander Herzen und Lew Kamenew) sowie der historischen Erinnerungspolitik in der zeitgenössischen Geschichte Russlands gewidmet.

PHILIPP BLOM

Geb. 1970 in Hamburg, Dr. phil., Studium der Philosophie, Geschichte und Judaistik in Wien und Oxford, wo er 1997 promoviert. Er lebt heute als Historiker und freier Autor in Wien. Zu seinen literarischen Hauptwerken zählen «Der taumelnde Kontinent. Europa 1900–1914» (2009) und «Die zerrissenen Jahre 1918–1938» (2014). Sein dritter Roman, «Bei Sturm am Meer», ist 2016 bei Szolnay erschienen.

PETER COLLMER

Geb. 1969, Dr. phil., studierte Geschichte mit Schwerpunkt Osteuropa sowie deutsche Sprach- und Literaturwissenschaft. Promotion 2003 zu den Beziehungen zwischen der Schweiz und dem Russischen Reich (1848–1919), Habilitationsprojekt zur polnischen Herrschaftskultur im 18. Jahrhundert. Seit 2002 Adjunkt des Rektors der Universität Zürich.

JEAN-FRANÇOIS FAYET

Geb. 1965 in Genf. Prof. Dr. phil. an der Université de Genève, Promotion über Karl Radek: Biographie politique, Bern, Lang, 2004, Studium der politischen Geschichte im Institut d'Etudes Politiques de Paris, der Anthropologie an der Universität Paris VIII und der sowjetischen Geschichte an der Ecole des Hautes Etudes en Sciences Sociales, EHESS Paris. Senior Researcher an der Universität Lausanne (Forschungsprojekt: «The Spectacle of the Revolution») und an der EHESS (CERCEC). Seit September 2016 Professor für Zeitgeschichte an der Universität Freiburg i. Ü.

IRÈNE HERRMANN

Geb. 1965, Prof. Dr. phil., studierte Geschichte und Russisch. Promotion 1997 zum Eintritt von Genf in die Eidgenossenschaft (1814–1846). Lehrte in Genf (Université de Genève, Institut universitaire des Relations internationales et du Développement), in Québec (Université Laval), Moskau (Russian State University for the Humanities) und Fribourg (Université de Fribourg). Seit 2012 Professorin für Geschichte der (Schweizer) Neuzeit an der Universität Genf.

CHRISTIAN KOLLER

Geb. 1971, Prof. Dr. phil., studierte Geschichte, Wirtschafts- und Politikwissenschaften. Promotion 1998 zur Wahrnehmung von Kolonialtruppen im Ersten Weltkrieg, Habilitation 2003 zur Begriffsgeschichte von «Fremdherrschaft». Lehrte von 2007 bis 2014 an der Bangor University (Wales). Seit 2011 Titularprofessor für Geschichte der Neuzeit an der Universität Zürich und seit 2014 Direktor des Schweizerischen Sozialarchivs.

KONRAD PAUL LIESSMANN

Geb. 1953, Professor für Methoden der Vermittlung von Philosophie und Ethik an der Universität Wien und wissenschaftlicher Leiter des Philosophicum Lech. Auswahl seiner Publikationen: Philosophie des verbotenen Wissens (2000/10); Theorie der Unbildung (2006); Das Universum der Dinge. Zur Ästhetik des Alltäglichen (2010); Lob der Grenze (2012); Philosophie der modernen Kunst (2013); Geisterstunde. Die Praxis der Unbildung (2014); Wer hat dir gesagt, dass du nackt bist, Adam? Mythologisch-philosophische Verführungen (2016, gemeinsam mit Michael Köhlmeier).

WALTER RUGGLE

Geb. 1955, Zürich, Filmpublizist, Studium Germanistik, Literaturkritik und Philosophie. 1984 bis 1999 Kulturredaktor beim Tages-Anzeiger. Seit 1999 Direktor der Stiftung trigon-film mit Fokus auf Afrika, Asien, Lateinamerika und östliches Europa. Buchpublikationen zu Theo Angelopoulos, Kenji Mizoguchi, Andrei Tarkowski, Fredi M. Murer, Sowjetisches Kino, Weltkino und Filmsprache. Veranstalter von Fachseminaren, Programmgestalter eines Kinos und Experte im Produktionsfonds visions sud est.

Leihgeber der Ausstellung

(alphabetisch nach Standort)

- Staatsarchiv Aargau
- International Institute of Social History, Amsterdam

- Museum der Kulturen, Basel
- Paul Sacher Stiftung, Basel
- Universität Basel, Departement Geschichte
- Universitätsbibliothek Basel
- Staatsarchiv des Kantons Basel-Stadt
- Berlinische Galerie, Landesmuseum für Moderne Kunst, Fotografie und Architektur, Berlin
- Deutsches Historisches Museum, Berlin
- Tchoban Foundation, Berlin
- Schweizerische Nationalbibliothek, Bern
- Schweizerische Osteuropabibliothek, Bern
- Schweizerisches Bundesarchiv, Bern

- Musée Nicéphore Niépce, Ville de Chalon-sur-Saône (F)

- Stadtverwaltung Lutherstadt Eisleben
- Museum Folkwang, Essen

- Fondation Igor Carl Fabergé, Genève
- Musées d'art et d'histoire, Genève
- Kultur-Historisches Museum Grenchen

- Museum für Kunst und Gewerbe Hamburg

- Heimatmuseum der Swerdlowsker Oblast, Jekaterinburg

- Musée de l'Elysée, Lausanne
- Museum Burghalde, Lenzburg
- Victoria and Albert Museum, London
- Tsarenkov Collection, London
- Galerie Rosengart, Luzern
- Staatsarchiv Luzern

- Das Staatliche Historische Museum, Moskau, Russische Föderation
- Das Zentrale Staatsmuseum für Zeitgeschichte Russlands, Moskau
- Die Staatliche Tretjakow Galerie, Moskau
- GULAG History Museum, Moskau
- Multimedia Art Museum, Moskau / «Moscow House of Photography» Museum
- Russisches Staatsarchiv, Moskau
- Russische Staatsbibliothek, Moskau
- Das Staatliche Historische Museum Moskau, Russische Föderation
- Staatliches Schusew-Museum für Architektur, Moskau
- Staatliches Museum und Ausstellungszentrum ROSIZO, Moskau

- H. Moser & Cie., Uhrenmanufaktur in Neuhausen am Rheinfall, Schaffhausen www.h-moser.com Moser Familienmuseum Charlottenfels

- Fondation Le Corbusier, Paris
- National Museum Republic of Karelia, Petrosawodsk

- Natacha Huser-Herzen, Rivaz

- Russische Nationalbibliothek, St. Petersburg
- Staatliches Museum für Politische Geschichte Russlands, St. Petersburg
- Staatliches Russisches Museum, St. Petersburg
- Staatliches Museum für Theater und Musik, St. Petersburg

- Liechtensteinisches Landesmuseum, Vaduz
- Fondazione Musei Civici di Venezia, Galleria Internazionale d'Arte Moderna di Ca'Pesaro

- Museum Wiesbaden, Landesmuseum für Kunst und Natur
- Fotostiftung Schweiz, Winterthur
- Privatbesitz, Winterthur

- Martin Kamer, Zug
- Arina Kowner, Zürich
- ETH-Bibliothek Zürich, Alte und Seltene Drucke
- gta Archiv / ETH Zürich
- Museum für Gestaltung Zürich
- Privatsammlung, Zürich
- Stadtarchiv Zürich
- Schweizerisches Sozialarchiv, Zürich
- Staatsarchiv des Kantons Zürich
- Helen Stehli-Pfister, Zürich
- Völkerkundemuseum der Universität Zürich
- Universität Zürich, Slavisches Seminar
- Zentralbibliothek Zürich

- A. Rodtschenko & W. Stepanowa Archiv
- August Sander Stiftung
- Merzbacher Kunststiftung

Schreibweise und Kalender

Die Umschrift russischer Wörter folgt der Duden-umschrift (Transkription). Dasselbe gilt für Personennamen, sofern sich hier keine eigene Schreibweise eingebürgert hat oder von Personen selber gewählt wurde.

Die Angabe der historischen Daten folgt dem jeweils gültigen Kalender. In Russland galt bis zum 31. 1. 1918 der Julianische Kalender, der 13 Tage weniger zählte als der im übrigen Europa gültige Gregorianische Kalender. Durch die Reform folgte demnach auf den 31. Januar der 14. Februar. Die Februarrevolution erfolgte also nach dem alten Stil am 27. Februar, nach dem neuen Stil am 12. März, die Oktoberrevolution am 25. Oktober bzw. 7. November.

Das heutige St. Petersburg war bis 1918 die Hauptstadt Russlands. Bis 1914 hiess die Stadt St. Petersburg und wurde im Ersten Weltkrieg in Petrograd umgetauft. Von 1924 bis 1991 hiess sie Leningrad. Danach folgte eine erneute Umbenennung in St. Petersburg.

Impressum

Diese Publikation erscheint anlässlich der Ausstellung

1917 Revolution. Russland und die Schweiz

Schweizerisches Nationalmuseum,
Landesmuseum Zürich
24. Februar – 25. Juni 2017
www.nationalmuseum.ch

AUSSTELLUNG

Gesamtleitung
Andreas Spillmann

Wissenschaftliche Beratung
Prof. Heiko Haumann, Prof. F. Benjamin Schenk, Anne Hasselmann, Universität Basel; Prof. Julia Richers, Universität Bern; Prof. Christian Koller, Schweizerisches Sozialarchiv, Zürich; Dr. Anna Szech, Basel; Dr. Peter Huber, Genf; Prof. Tobias Straumann, Helen Stehli Pfister, Zürich

Projektleitung und Ausstellungskuratorin
Pascale Meyer

Ausstellungsassistenz
Regula Moser

Wissenschaftliche Mitarbeit und Recherchen
Regula Moser, Anna-Sabina Wälli

Wissenschaftliche Assistenz
Marina Amstad, Cyril Dessemontet, Katharina Hermann

Vorkonzept, Objekt- und Bildrecherchen Schweiz
Anne Hasselmann, Universität Basel

Kuratorin für Russland und wissenschaftliche Beratung
Dr. Kristiane Janeke, Tradicia History Service, Berlin

Ausstellungsgestaltung und Licht
Alex Harb

Ausstellungsgrafik
Andreas Hidber, Accent graphe Basel

Filmcollage
Walter Ruggle, Zürich

Audioguide
Texetera GmbH, Erik Thurnherr

Steuernder Ausschuss
Heidi Amrein, Ellen Bryner, Marco Castellaneta, Markus Leuthard, Andreas Spillmann

Projektcontrolling
Ellen Bryner

Recht und Verträge
Beat Högger

Bildung und Vermittlung
Stefanie Bittmann, Magdalena Rühl, Prisca Senn

Technische Leitung
Henrike Binder, Mike Zaugg

Ausstellungsaufbau
Ira Allemann, Bachir Ezzerari, Marc Hägeli, Mike Roder, David Schwitter

Konservatorische Leitung
Natalie Ellwanger, Elke Mürau

Konservierung und Objektmontagen
Nikkibarla Calonder, Elisabeth Kleine, Martin Ledergerber, Uldis Makulis, Jürg Mathys, Françoise Michel, Carolin Muschel, Ulrike Rothenhäusler

Objektmanagement und Logistik
Christian Affentranger, David Blazquez, Simon d'Hollosy, Reto Hegetschweiler, Benno Meier, David Pazmino

Leihwesen
Maya Jucker, Franziska Pfenninger, Bernard Schüle, Angela Zeier

Bilder Schweizerisches Nationalmuseum
Donat Stuppan

Bildarchiv Schweizerisches Nationalmuseum
Andrea Kunz, Fabian Müller

Übersetzungen
Marco Marcacci, Laurence Neuffer,
Nigel Stevenson, Isabelle Warin

IT und Webseite
Thomas Bucher, Pasquale Pollastro,
Danilo Rüttimann, René Vogel

Kommunikation und Marketing
Andrej Abplanalp, Peter Krebs, Carole
Neuenschwander, Alexander Rechsteiner

PUBLIKATION

Herausgeber
Schweizerisches Nationalmuseum

Redaktion
Christina Sonderegger, Pascale Meyer,
Anna-Sabina Wälli

Aufsätze
Korine Amacher, Philipp Blom,
Peter Collmer, Jean-François Fayet,
Irène Herrmann, Christian Koller,
Konrad Paul Liessmann, Walter Ruggle

Text und Bild
Cyril Dessemontet, Katharina Hermann,
Regula Moser, Anna-Sabina Wälli

Übersetzungen
Französisch – Deutsch: Isabelle Warin

Grafik
Michaela Klaus
Sandstein Verlag, Dresden

Satz und Reprografie
Gudrun Diesel, Jana Neumann,
Sandstein Verlag, Dresden

Druck und Verarbeitung
FINIDR, s.r.o., Český Těšín

Umschlagbild
Arkadi Schaichet, Komsomol-Mitglied, 1931
(Vorderseite); Schweizer Verein in Moskau,
um 1910 (Rückseite).

Frontispiz
Abschied am Hauptbahnhof Zürich,
möglicherweise bei Lenins Abfahrt 1917.

Die Deutsche Nationalbibliothek verzeichnet
diese Publikation in der Deutschen National-
bibliografie; detaillierte bibliografische Daten
sind im Internet über http://dnb.ddb.de abrufbar.

www.sandstein-verlag.de
ISBN 978-3-95498-273-8
1. Auflage